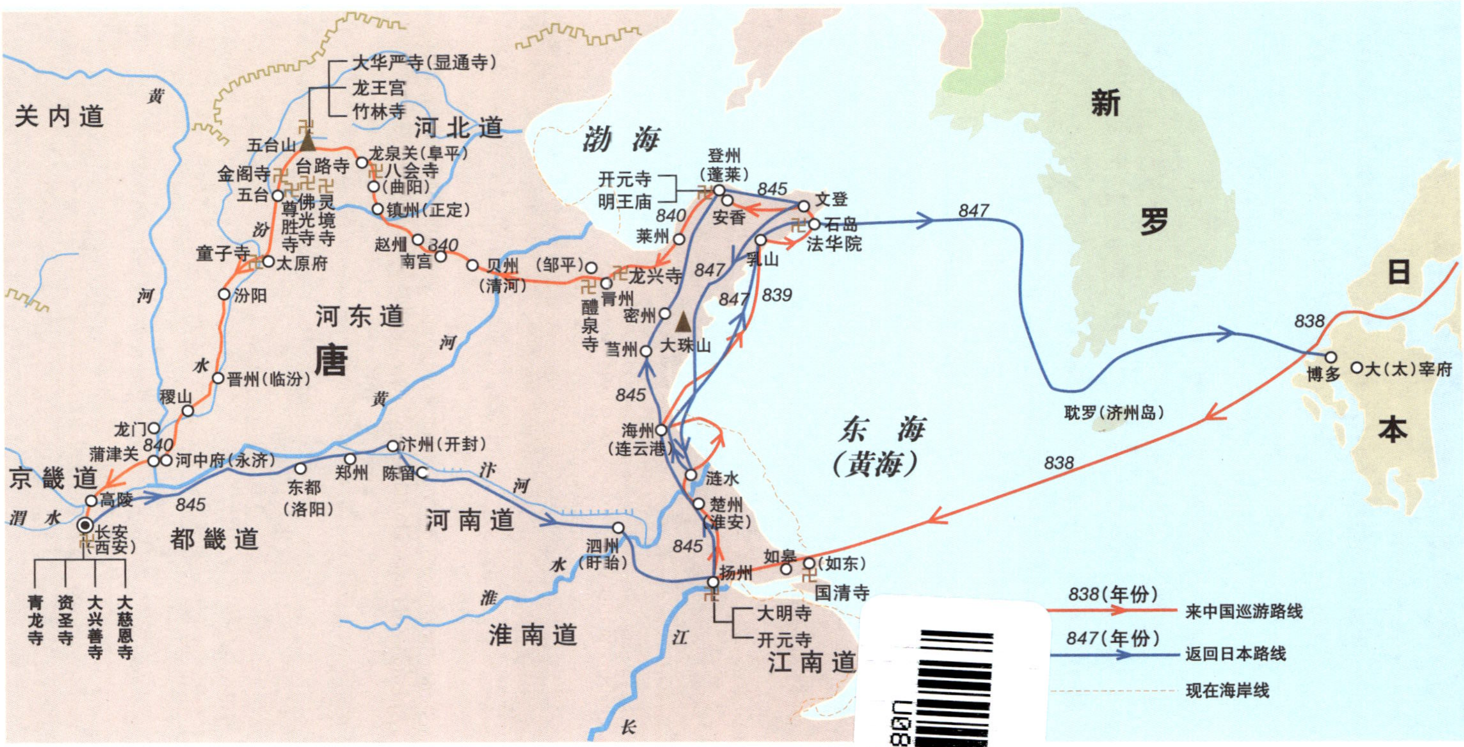

关内道
京畿道
都畿道
河东道
唐
河北道
河南道
淮南道
江南道
渤海
东海
(黄海)
新
罗
日
本
长安(西安)
青龙寺
资圣寺
大兴善寺
大慈恩寺
高陵
蒲津关
龙门
河中府(永济)
稷山
晋州(临汾)
汾阳
童子寺
太原府
五台
金阁寺
五台山
台路寺
尊胜寺
佛光寺
灵境寺
大华严寺(显通寺)
龙王宫
竹林寺
龙泉关(阜平)
八会寺
(曲阳)
镇州(正定)
赵州
南宫
贝州
(清河)
(邹平)
醴泉寺
青州
龙兴寺
莱州
登州
(蓬莱)
开元寺
明王庙
安香
文登
石岛
法华院
乳山
密州
大珠山
莒州
海州
(连云港)
涟水
楚州
(淮安)
扬州
大明寺
开元寺
如皋
(如东)
国清寺
泗州
(盱眙)
汴州(开封)
陈留
郑州
东都
(洛阳)
耽罗(济州岛)
博多
大(太)宰府
838
839
840
845
847
838(年份) 来中国巡游路线
847(年份) 返回日本路线
现在海岸线

圆仁入唐求法巡礼图

追寻圆仁的足迹

在当代中国重走日本高僧入唐求法之路

（日）阿南史代　撰文/摄影
雷　格　潘　岳　译

五洲传播出版社

目　录

谨以此书献给我的丈夫阿南惟茂

译　序

公元838年，日本请益僧圆仁随最后一届遣唐使团抵达中国时，他们的船队是沿着哪几条小水道进入唐代的大运河水运系统的？圆仁挂单的山东石岛赤山法华院的赞助人、新罗将军的名字，应写成张保皋还是张宝高？公元845年，圆仁为避“会昌排佛”之难，匆匆离开大唐都城长安时，勇敢地为他送行、赠他盘缠、替他写介绍信的朝廷官员，到底是两位还是三位？在翻译阿南史代（Virginia Anami）女士新著《追寻圆仁的足迹》的过程中，常常要就这样的具体问题同阿南女士沟通。她可能会突然从日本打来长途，说：“我现在在本州岛北部的青森地区旅行，先生（前日本驻华大使阿南惟茂先生）在开车；第六章可能要作一点修改……”她中文讲得很好，不过说到一些关键问题会用她的母语英文，不时夹杂一两个日文的语气词。对话时断时续，因为他们的车有时要穿过山区的隧道，手机信号非常微弱。几个回合下来，快断线时她会事先预告：“对不起，我们要进隧道了。”看来隧道很长，过了好一会儿电话才会再来：“我们出来了……”

也许对于某些读者来说，圆仁是一个从未进入视野的陌生名字，我们所讨论的这些关于他的细节也太过遥远和琐屑；但是，这位生活在1200前的日本僧人在当今的史学研究中却是一个相当重要的人物。圆仁（794—864）是日本佛教天台宗第三代座主，838年来中国，学习显密二教，足迹遍及七省，历时九年余。归国后于京都比睿山设灌顶台，建总持院，弘传密教和天台教义。他被列为日本求法僧人“入唐八大家”之一，而其日记体旅行记《入唐求法巡礼行记》四卷在上个世纪被重新发现后，已成为我们今天研究唐代中国政治、经济、文化、宗教、社会、民俗、语言和对外关系的珍贵史料，被誉为“东洋学界至宝”。他在日记中甚至记下了最为琐细的一些事情，但展示的却是唐朝中后期最为真实、生动的社会生活面貌，令我们在展读之余不禁感喟，历史不会死去，也不曾死去。

读过《入唐求法巡礼行记》的人，一定会对圆仁追寻佛法的笃定、对周遭世界的好奇以及坚持每日行走三四十公里的坚强印象深刻。我们想，应该就是这样一些品质，吸引着、鼓舞着美裔日本历史学者阿南史代在1200年后的今天投入巨大的热情与心血，前后历20余年研究圆仁日记，重走圆仁之路，并且痴迷于让这位遣唐使僧的传奇故事在当代复活。阿南史代目前是成功走完圆仁入唐求法之路全部路线的唯一一人：不仅去过了圆仁日记中提到的每一个地点，而且于2007年春组织了一次“遣隋使/遣唐使1400周年纪念之旅”，亲身体验圆仁的海上航行。

追寻圆仁的足迹在阿南史代那里不仅是一个历史研究课题，更像是一次精神历险。她在进入圆仁精神世界的过程中也在完成着自己的角色认同，我们甚至可以说，她就是单纯、坚定的圆仁法师在当代的一个传人。圆仁日记中记载的许多地点可能已经湮没在历史的长河中，或者改换了名字，但她一定要亲自沿着各种各样的道路——高速公路、运河或乡间小道——前往确认这座寺庙、这个关口或这个村庄的存在，走访当地人和有关专家，以获得关于这处历史遗迹最直观的感受。这已不止是她的专注与执著，更是她独特的极具“现场感”的历史研究方法：“触摸历史的青苔”。在她眼中，这些普通的地点都深深打上了圆仁的印记，所以她尽力从圆仁的视角观照它们，像圆仁那样欣赏和体验这个充满精神意蕴的美妙世界。当她举起相机为五台山漫山遍野的野花拍照时，谁还能分得清这是阿南史代眼中的五台山，还是圆仁心中的五台圣地？有鉴于此，她像圆仁一样特别强调行走的重要性。“行走”，在她完成上一部作品《寻访北京的古迹》时可能还只是一个手段，但在这部《追寻圆仁的足迹》中已经是一个贯穿全书的主题。

如果说圆仁在精神气质上偏于沉郁，阿南史代则表现出非凡的热情与活力。她总结本书的写作时说，“这过程是如此开心！”而每一个与她交往、合作的人也都会说，“这过程是如此开心！”由于她的特殊经历，美国、日本、中国三种文化在她身上交融，所以她在书中颇有感触地描述了大唐帝国里各国人民和文化交流、融合的盛世气象。我们猜想，快乐的阿南史代要传递给我们的也许是这样的信息：如果又一个文明交融共进的盛唐时代已经临近，你准备好了为它做些什么吗？

雷　格

2007年9月28日

前 言

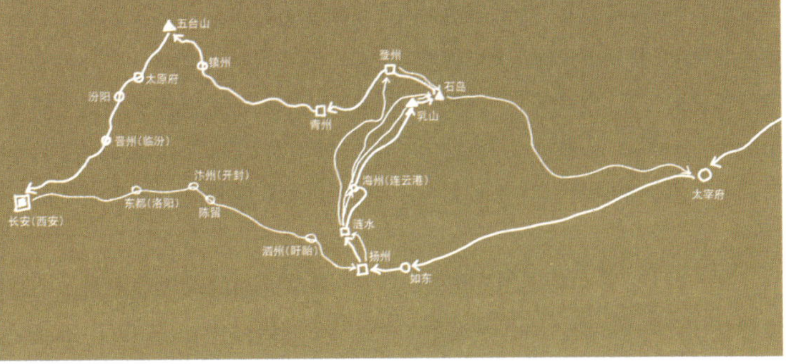

慈觉大师圆仁坐像

圆仁法师（794—864）出生于日本栃木县（旧称下野国都贺郡）的壬生家。为纪念他，该县特修造了壬生寺，寺里供放着1684年制成的圆仁坐像。

本书讲述的是日本僧人圆仁作为遣唐使团的一员，于公元838年渡海入唐求法的故事。圆仁进行这次充满挑战的旅行时已经45岁（按古代日本习惯计算），是一位著名的高僧。在中国追求和学习佛法的过程中，圆仁写下《入唐求法巡礼行记》——世界上最伟大的三部旅行日记之一，记录了他自838年至847年的九年求法生涯。这部珍贵的日记编为四卷，共7万余字。

另外两部著名游记是中国的玄奘法师作于公元7世纪、记录其印度取经之行的《大唐西域记》和马可·波罗作于13世纪的《寰宇记》（即《东方见闻录》或《马可·波罗行记》）。然而其中圆仁的日记最有价值。马可·波罗目不识丁，圆仁却是用古汉语写作的；玄奘游记的大部分是他在归国后向弟子们口述的，而圆仁在他的旅途中几乎天天记述。他所记录的美妙细节为大唐王朝（618—907）编织了一部活生生的传记。

圆仁的足迹遍及今江苏、山东、河北、山西、陕西、河南和安徽七省，平均每日步行32公里，在一次令人望而生畏的艰难跋涉中甚至走出了惊人的46公里。他的这部旅行札记还提供了一个观察大唐帝国的政府组织及其充满活力的文化的独特视角。另外，他忠实记录了普通百姓的生活，那是在历朝历代的正史中通常遭到忽视的内容。他还见证了842年至845年残酷的“会昌排佛”运动，对那些悲剧性事件的描述极具史料价值。

那一时期，日本朝廷出资组建遣唐使团，派遣官员、僧侣、学者和艺术家到唐代中国，学习中国的先进文化。最早的一个使团是出使隋朝的，于公元607年派遣，由小野妹子担任大使。当时日本与朝鲜半岛上的百济王国关系良好，所以日本船只可以安全地绕着朝鲜半岛航行，沿着岛链一路到达中国的山东半岛。然而，于660年统一了朝鲜半岛的新罗王国与日本的关系恶化，后面的使团船只便只好横渡危机四伏的开阔海面，从南面的扬州或宁波登陆了。这样一来，航行变得比过去更加凶险，海难频频发生，约有四分之一的船上人员及数位大使未能生还。

派遣使团的频率是不固定的，有时两次派遣之间要隔上整整20年。圆仁于838年随遣唐使团入唐，没想到这竟是最后一届出使中国的日本官方使团。旅行中的危险、高额开支形成的沉重负担，以及9世纪末期唐代政治环境的不稳定，被认为是后来日本终止派遣使团访唐的主要原因。就这样，圆仁的日记成为了关于日中关系早期阶段的弥足珍贵的历史文献。

鼎盛时期的大唐帝国是一个激动人心的国际化社会，敞开怀抱迎接来自任何国家的人。圆仁作为一名僧人、学者受到佛教界的热情接纳，被引为同道。圆仁居留扬州时曾经提到，有波斯人和占婆（越南）人捐资修缮扬州的一座佛寺。圆仁在长安（今西安）住了五年，其间曾从天竺僧人学习梵文课程。他还得到东部沿海城镇居住的新罗人的款待和帮助——当时新罗王国统治着朝鲜半岛，所以圆仁称半岛上的居民为新罗人。不仅是僧侣，还有新罗地方官员、翻译、商人和水手，都帮了很大的忙。圆仁结束在唐朝的生活时再次受惠于新罗人：最终是一条新罗海

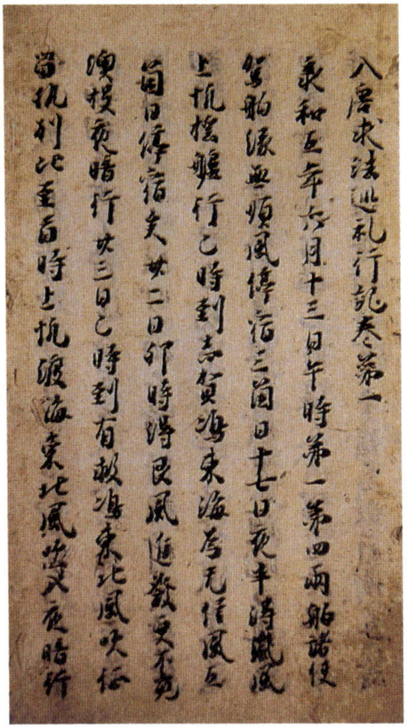

圆仁日记《入唐求法巡礼行记》

圆仁撰写的四卷本《入唐求法巡礼行记》首页。此书记录了他自838年至847年在唐代中国的游历，现存两个抄本，较早的一个存于日本京都东寺，现为个人收藏。栃木县立博物馆藏（复制品），原资料个人收藏。

船将其安全带回日本。

在中国各地寺院学习佛法的诱惑力，使得渡海入唐成为日本高僧们深入研习佛经、跟从佛学大师修行的不二选择。从圆仁日记可以看出，他显然充满热情地深信，他的求法可以帮助他更深刻地理解自己的信仰。尽管圆仁日记总的来说是平铺直叙的，但从中偶尔也可见到情感的抒发。他的精神追求在日记中得以公开呈现——他以一种坦率的风格记录了自己的梦想和祈愿。

圆仁显然是想仿效他的师傅、日本天台宗创始人最澄和尚，去中国南方的天台山祖庭学习天台宗哲学。他还赋予自己另外的责任，那就是为他在日本的本寺提出的一些关于天台宗教义和修行的疑难问题寻求解答。然而，他的身分是学问僧，远高于留学僧，这使他获得唐朝政府允许他继续居留、学习的许可大受限制。唐政府的习惯做法是向外国留学人员发放全额奖学金，以确保他们的长期学习；所以，拒绝发放许可的背后可能还有经济方面的原因。然而，圆仁没有跟随官方代表团回国，而是花了将近一年半时间与地方的官僚机构交涉，以获得在中国各地旅行的正式通关文牒。

毫无疑问，圆仁在五台山和长安的寺院里的研习佛法，特别是他对密宗功法的学习，对日本佛教未来的发展起到了非常重要的作用。回国之后，圆仁担任京都郊外著名的比睿山延历寺的住持，不仅在日本佛教界，而且在日本朝廷中发挥其影响力。他于71岁时圆寂，追赠谥号“慈觉大师”。不幸的是，圆仁的日记却从此湮没无闻。

《入唐求法巡礼行记》（以下称《行记》）有过几种抄本，其内容也见于公开出版的日本佛教著作总集，因此得以历经千年流传至今。冈田正之的早期研究成果，以及他于1926年出版的《行记》影印本，在一个更广泛的学者群体中间得到利用。不过，真正使这部重要文献引起全世界瞩目的是哈佛大学教授埃德温·赖肖尔（Edwin Reischauer，汉名赖世和），他于20世纪50年代将圆仁日记从古汉语译成英语，并编写了一个注释本。后来由日本学者完成的日译本和注释本使得《行记》更容易为日本公众所接受。

整装待发的日本遣唐使船队

圆仁所在的日本遣唐使船队由三艘海船组成，每船150人，除官员、学者、画家、翻译、医生、神道教神官外，半数为水手。船队于838年从日本的难波港（今大阪附近）出发，穿过濑户内海、下关海峡至九州岛的博多湾，然后经五岛列岛顺风西行，两周后抵达中国江苏如东海岸。

该图原载于2003年10月号《中国国家地理》。

我初次听说圆仁和他在中国的旅行日记，是上世纪60年代在大学里学习佛教史和历史地理的时候。得知该日记从9世纪流传至今，令我兴趣陡增。我还记得第一次翻开书皮时看到该书封二上程式化的地图的感觉；长安、五台山和扬州这样的地名第一次映入我的眼帘。我几乎立即产生了探寻圆仁足迹与经历的冲动。

多年后我真的见到了赖肖尔教授，但圆仁研究于他似乎已属于过去时了。当年他产生研究这部古代著作的念头，要归功于他就读的巴黎索邦大学的一位教授；他回到哈佛后便系统地完成了翻译工作。当我问他在哪里可以找到这个英译本，他只是谦虚地说："呃，我想现在不会有人对那个古怪的故事感兴趣了。"他的回答只会激发我的好奇心。然而，直到上世纪80年代初我开始在中国居住，我才得以着手探寻圆仁入唐求法的实际路线。

我渴盼着探访圆仁1200年前走过的那些地方。尽管当时还有针对外国人的旅行限制，但我还是访问了圆仁巡礼路线图上最初吸引我目光的那几个地方：长安（西安）、五台山和扬州。我后来作为外交官夫人在北京的驻在是与中国的逐渐开放同步的，于是我可以前往圆仁巡礼路上更多的地区了，而这对于理解日记中描述他穿越乡村地带的部分是非常重要的。

在今天找到这些与日记记载完全一致的地点，往往像是在做侦探工作。还好，许多地形地貌以及村庄保留了过去的名字，所以我才能在古代和现代的地图上确定圆仁每天所在的位置。更神奇的是，读过他对一些地方的描述后，你有可能看到同样的风景，触摸同一块石头，站在同一个路口，走同一条路。他使用过的运河现在仍适于航行；我们今天还可以从同样的地点通过关隘、跨过河流和桥梁。此类经历有助于我们拨开历史的迷雾，让这样一部古老的著作真正复活。

曾经有人问我，我在这些旅行中是否曾感觉到危险。回答是：从来没有过。只有五台山西台上的狂风产生了一点阻力。我乘小船沿着海岸线航行时遇到了大雾，那可能有点危险，但当年圆仁航行至同一个地方时就曾经历过这一切，二者是相吻合的。坦白说，为了拍照片而去征得人家同意的确让我有点紧张。实际上，我经常觉得有圆仁的神灵在场，帮助我完成这部作品；有时它又换一种方式，化作我必须面对的挑战。举个例子：有一天天气酷热，我费了好大力气才徒步爬上一座山，结果上去一看，山顶上竟停放着几辆小汽车。看来，因为我没注意到有盘山路，我就不得不去体验一下古时候进香巡礼的艰辛。

这本书意在引领读者在当代中国重走圆仁法师的巡礼之路。我在过去的25年里尽力将圆仁走过的路线拼接完整，但其结果变成了这样：我一方面是在寻访圆仁的故事，另一方面又是在通过自己的各种邂逅发现生活的一个横切面。像圆仁一样，我也花时间同各地的人交谈。因此，我也为本书选取了一些人的照片，他们代表了我对当代生活的观感。

通过圆仁的传奇，我们洞悉了一个坚忍不拔的人物的内心世界。他特别强调以不断的行走作为精神修炼的方式，从而更好地理解这个世界的本质。所以请你也加入圆仁的旅程，看、听他在1200年以前所看、所听的一切。

圆仁在中国的故事可以分为四个主要部分：抵达中国和寻求居留许可；五台山巡礼之旅；在都城长安学习佛法；避祸和归乡。

圆仁所使用的日期是农历日期，年份则依据日本和中国的皇帝年号。因为许多日期出现在日记的引文中，所以本书保留了农历的日期和月份，但是将皇帝年号换成了公元纪年。本书提供的地名往往包含有唐代的名称和现在的名称。

1 圆仁与遣唐使团抵达中国

838.6.23～

公元838年农历六月二十三日晚6点钟，日本遣唐使团的三艘海船从日本海岸的有救岛启航。汉文学者藤原常嗣大使乘坐第一艘船，圆仁和弟子们则在另一艘船上。船队航行了八天，抵达今江苏省的如东海岸。当年所有外来船只都被要求在如东靠岸，此后就可以沿着运河前往国际大都会扬州了。

不过他们的登岸颇费周折。船只在浅滩受损，深陷于沙土之中，船体破裂，船上人员非常沮丧。一条小船前来营救圆仁一行，但使团大多数成员不得不走过泥泞的河滩地徒步登岸。幸运的是，当地人引导他们从附近的几条狭窄水道通过；几条小船满载着他们带来的贡品（“国信物”），带领他们深入内陆。他们在路上遇到检查漕运交通的地方盐官，与他们通过书写交谈，方得知自己身处何地。

七月一日，遣唐使团在中国土地上过了第一夜。圆仁一行需要些时日休整，同时等待扬州府安排官方的招待会，便在一个小寺院休息了两周；与此同时，大使及随行人员住在如东的国清寺。一位僧人送来桃子表示欢迎，但连日大雨和蚊虫叮咬让每个人都有点情绪低落。按照圆仁日记里的说法，这里的蚊子非常可怖：“其大如蝇，入夜恼人，辛苦无极。”

使团终于再次上路了。他们沿着开掘于隋朝的大运河在内陆航行，约40条舫船组成的船队首尾相连，由水牛在岸上狭窄的小路上牵拉着。在如皋镇歇息饮茶时，圆仁在日记中描述了水路北岸杨柳成行、富贵人家相连的情景。圆仁看到运盐的官船队，非常惊奇，写道：“……或三四船，或四五船，双结续编，不绝数十里，相随而行。乍见难记，甚为大奇。”

遣唐使团前行非常缓慢，因为

很多人都开始腹泻。二十五日临近扬州府时，圆仁在日记中写道：“江中充满大舫船、积芦船、小船等，不可胜计。”他们在东城墙外停驻。

这些文字是他在唐代中国落脚后的最初观感。在今天重读圆仁日记，并且沿着他和同伴千年前走过的路寻访历史，于我是一种穿越时空的历险。我尽力寻找那些与过去有些许联系的图景。他对一切都留意，甚至屡屡提及花草动物。他的日记帮助我更仔细地察看周遭环境，寻找那些我可以效仿他乘船或步行前往的地方。这是个熟悉今天的中国的好办法。

江苏如东兵房海滩：赶海归来

当年圆仁所乘海船登岸的地点可能就在今天的兵房海滩附近——在一望无际的泥滩上他们的船搁浅了。不过，自圆仁登岸以来，由于泥沙淤积和围海造田，海滩已经向外延伸了15公里。我去寻海不得，只好等退潮后，问一群挤在拖拉机里回家的赶海人，海在哪里。根据我手中的地图，海岸线还在身后好远呢。他们大笑着回答：“你不是站在海里吗？海就在你的脚下呀！”圆仁一行一定是备尝艰辛，才抵达安全地带的。

如东：运河放鸭人

东梁丰村是圆仁日记明确提到的第一个地名。我在东梁丰村原址附近发现的一条小水渠，可能就是圆仁船队登陆后乘小船进入内地的水路。圆仁最初遇到的中国人是一些卖芦苇的人。他写道："白鹅、白鸭往往多有……有人养水鸟，追集一处，不令外散。"他对这里的竹林也印象深刻，提到"竹长四丈许"。今日纵横交错的狭窄水道网还是唐朝时的面貌，令我们很容易想见那些异国来客当时面临的窘境。

如东国清寺：晾晒的衣服

圆仁在日记中说到，这里是藤原常嗣大使停留休息、解除旅途困顿的地方。圆仁后来在此与官方使团会合。他们颜色各异的僧袍晾挂在庭院里一定是一景。最近重建的国清寺外的这个景象让我想起了他们的驻留。

国清寺：青花瓷香炉

如东人告诉我，他们知道1000多年前的日本遣唐使团就下榻在国清寺。我走进大殿，一个书记僧将我微薄的捐款记录在一个有无数日本游客签名的大登记簿上。然后，我恭敬地上香，就日本官方使团当年受到的款待表达感激之情。

驳船穿过如皋运河大桥

圆仁乘船通过始建于隋朝的大运河前往扬州。今天，一队队的驳船从水面上通过，这让我想起他在日记里描述的那些运盐的船只。唐朝的官僚政府，特别是主管盐业的官府权力之大令圆仁印象深刻。如今，大运河上的驳船主要运送沙石，如皋仍是一个繁华的港口。

关于遣唐使团抵达如皋的具体地点仍存有争议。当地历史学家徐琛先生一直致力于研究圆仁的日记，将日记中的地名和距离与已知的地理环境相比较，以绘制出圆仁一行旅行的路线图。徐先生兴奋地证实了圆仁日记的精确性：“〔七月〕廿日　卯毕，到赤岸村。问土人，答云：‘从此间行百廿里，有如皋镇。’”

圆仁还写到了他们在如皋歇脚喝茶的事。“比至午时，水路北岸杨柳相连。未时到如皋，茶店暂停。”因为是官方使团，他们已处于地方官员的保护之下，每停一站都受到热烈欢迎。

江苏如皋：运河船家男孩

理解圆仁日记的最佳途径莫过于跟随一户船家在大运河上航行！这艘载重近百吨的运沙船船主姓徐，从安徽省来到如皋贩沙，一次行程要花一星期左右时间。由于圆仁曾抱怨这里的蚊子特别厉害，我就问徐家13岁的儿子，他们是否也为此所苦。这个船家男孩领我进了船舱，将罩在大蚊帐里的课桌和床指给我看。显然，此地蚊虫肆虐依旧，一如圆仁所言："痛如针刺。"

2 圆仁在扬州

838.7.25～

圆仁和使节们终于于838年七月二十五日抵达扬州。这是一次为期三周的漫长旅行，途中既要休息，又要沿着河汊和水渠找路——这些水渠将大海与这座伟大的城市、淮南道的首府连接起来。当时日本遣唐使团里流传着一句话：“到了扬州，一切不愁。”对这一届使团来说此言不虚，因为无论是在官府还是在各寺庙，他们都受到了盛情款待。

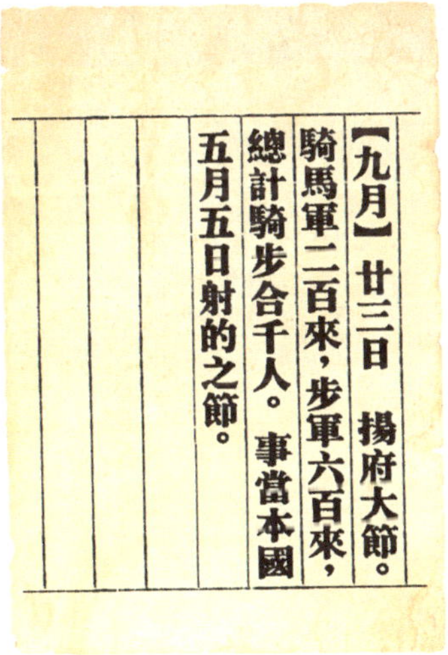
【九月】廿三日　揚府大節。
騎馬軍二百來，步軍六百來，
總計騎步合千人。事當本國
五月五日射的之節。

圆仁抓紧时间学习中国佛教的修行方法，在许多寺院听讲座、抄佛经。“其扬府中有卌余寺。”圆仁这样记载道，并且注意到这些寺庙如何轮流举办斋僧活动。他描述了僧侣们抄写经文、绘制佛像、买日历或是庆祝新年的很多细节。“暮际，道俗共烧纸钱。俗家后烧竹，与爆声，道‘万岁’。街店之内，百种饭食，异常弥满。”他还提到，寺庙的工作之一就是区分好米坏米，将最好的米还给官府。在另一处，他说自己有天早晨见到了彗星，还听见僧人说这是不吉利的。

他同样惊奇地发现扬州是一座国际大都会。这里除了帮助使团作翻译的新罗人，还有波斯人和占婆（越南）人——圆仁说，他们曾捐资修缮扬州的一座佛寺。今天的扬州城市规划做得很好，修整了河渠水道网络，在旧城区限制建筑物高度。不过这已经不是当年令圆仁惊叹的那座熙攘繁华的大城市了。

圆仁即将在扬州逗留七个月，寻求得到去天台山——他所属的佛教天台宗的中心——学习佛法的许可。然而，请求一再遭到拒绝，因为扬州府认为他已经是“请益僧”，地位太高了，没必要持着我们今天所谓的“留学签证”再去天台山学修。官僚体系的硬性规定

以及长期以来资助外国学生给国家造成的经济负担，使得圆仁久久不能成行，而且不幸的是，扬州都督倾向于不给他优惠待遇。没有通关文牒圆仁哪儿也去不了。他准备听天由命，与其时已完成对都城长安正式访问的使团一起回国。

江苏扬州：大明寺栖灵塔

我发现栖灵塔是个俯瞰扬州城的好去处，站在顶层可以看到唐代扬州古城城墙遗址在盛夏午后的氤氲中隐现。城墙显示出扬州府的庞大规模和重要性，它不仅是府治所在，而且是一个物资集散中心。我猜想，圆仁一行进城之前也许就是在此宿营的？

唐代扬州古城城墙遗址

扬州唐代古城的城墙遗址上现生长着茶树丛。栖灵塔在远处耸立。我坚持要在城墙上走一走，找一找唐代的感觉。这让当地政府官员甚感诧异，因为似乎很少有人有兴趣这样做。

大明寺鉴真像

中国著名的高僧鉴真和尚历经五次渡海失败，终于在754年成功东渡扶桑传法。此前他就曾是大明寺的方丈。他建立了日本律宗，首先将天台教义介绍到日本。圆仁提到自己在开元寺的"东塔"里看到了鉴真的塑像，这座塑像是根据鉴真在日本奈良建立的唐招提寺中的鉴真塑像复制的。如今，鉴真和尚的塑像依旧在鉴真堂受到人们瞻拜。图为僧人们在鉴真堂中布置彩带，为我2006年3月在此开幕的摄影展作准备。对我来说，能在鉴真和尚的本寺展出"圆仁之旅"的图片，真是一个特别的机缘，有如轮回一般。应予说明的是，圆仁被认为是鉴真大师一系再传弟子。圆仁初入佛门时的师傅，即是鉴真座下弟子道忠的徒弟。

能修和尚

现在大明寺的住持是能修和尚，他鼓励国际交流，而且充满热情地致力于在寺院中建立鉴真学院。他的温和举止与个人魅力令我揣度，历代大德高僧们头顶的光环一定就是这样来的吧。

竹西中学校园开元寺遗址：梅山园了座主石碑

圆仁和随行僧人就住在开元寺，该寺坐落于唐代扬州城东北角的城墙内侧。圆仁在此研习佛经，还经常舍钱设斋招待僧人。圆仁解释说，多数城市都会有开元寺或龙兴寺，因为它们都是在那些年号使用时创建的。开元寺后来焚毁于宋代的一场席卷扬州城的大火。我第一次去该寺遗址寻访时只见到一家饮水机厂，不过那里现在建起了一个公寓住宅楼群。图为扬州博物馆前馆长晏炳森先生在解读附近的竹西中学（该学校的一部分建在开元寺遗址上）后花园里的一通石碑。石碑系为纪念圆仁在此居留，由日本天台宗第254代座主、时年94岁的梅山园了长老于1992年所立。

邗沟

这是扬州城的古老水道之一，在开元寺南流过；圆仁当年出寺院时应该就是从上面跨过的。839年正月六日，他应邀参加附近一座寺庙的讲经募缘法事。该寺“请本国和尚特到听讲，兼催本国诸官等结缘舍钱者”。圆仁提到，他们捐出的50贯钱实际上是一个很小的数目。

扬州· 唐代石塔

这座建于838年的石塔后面有一株1200岁的银杏树。见到这些唐代的历史遗迹还完好地保存在城市中心真让人高兴；我甚至想知道当初这条路和上面的行人是怎样的面貌。

圆仁在附近的扬州市场上用砂金交易现金，认真观看金子如何称重，并记录了兑换比率：砂金大二两，价值九贯四百文钱。他也记录了这些钱能买什么东西：买白绢二匹，花费二贯；给一个僧人做一身衣服，花费一贯七百文。我在当地早市买过东西，菜贩们仍使用旧式杆秤，不过他们显然不用给人兑换现钱了。圆仁还写道，铜铁买卖受到严格限制，以确保政府有足够的金属铸造钱币。

运河船队

当年的舫船首尾相连，组成长长的船队，由岸上的水牛牵引着逆流而上，这令圆仁印象深刻。我站在旧日港口所在地，发现类似的运输船队依然活跃在大运河上，只是动力变成了马达。圆仁一直没有拿到扬州府衙允许他继续求法的通关文牒，只好于839年二月二十一日，心有不甘地与尚未离开的使团成员一起乘船离开扬州府北上。他们滞留在北面的运河港口楚州，等待与大使一行会合。他们指望在楚州找到船只渡海回日本。

3 乘舫船至楚州

839.2.24～

圆仁起初似乎有意放弃，跟随官方使团回日本去。他没再继续申请许可，而是和使团成员一起，乘十艘舫船沿大运河向北进发。839年二月二十四日午时，他们停泊在山阳县。圆仁写道："申后，到楚州城。……入开元寺，住于厨库西亭。"他们在那里与刚刚结束对长安正式访问归来的大使及随行人员会合。所有人在楚州待了将近一个月，准备乘新罗人驾驶的海船回国，因为他们的船能够渡过深海。楚州今天是江苏省淮安市的一个区，以周恩来总理故乡闻名。

江苏宝应：大运河上的运沙船

圆仁第一次到达楚州时并不知道，自己后来还会四次途经此地。今天，大运河依然是这一地区水路交通的主动脉。本图摄于淮安以南的宝应大桥上，距圆仁写下"去〔楚〕州六十五里"的地点不远。

楚州：淮阴三线船闸

地处淮河与大运河的交汇点使得楚州的地位非常重要，因为淮河直通大海，船只可以从海上进入淮河，并通过设在楚州的船闸进入中国庞大的运河系统。如今，这里还像1200年前一样繁忙，来自淮河入海水道的船只络绎不绝地穿过船闸驶入大运河。圆仁曾数次途经楚州，他的船走的就是这样的路线吧。身处这样的地点，不由人不生发出思古之幽情。

唐朝的时候，楚州的新罗人非常之多，官府甚至专门设立了一个“勾当新罗所”管理新罗人事务，其负责人称押衙，通常由新罗人充任。日本朝圣者的事宜就由押衙来安排。圆仁说，新罗人享有相当的治外法权，庞大的新罗人聚居区有其自己的管理者，圆仁本人就经常接受他的援助。他们一旦决定了为日本僧人提供安全港，便自己承担责任。楚州的新罗人刘慎言不仅为圆仁做译语（翻译），还不辞辛劳与麻烦，给日本使团以支持。圆仁将“沙金大二两、大阪腰带一”送给刘慎言。送出这样贵重的礼物，说明圆仁可能已经开始四处打听继续留在中国的可能了。后来，刘慎言还为圆仁写了介绍书信，让各地的新罗人帮助他，并邀请他待在新罗人聚居的地区。

淮安市政府办公室的一位历史学家荀德麟先生向我提供了丰富的研究资料，还指点我去看了城中几处唐代遗址，比如漕运公署遗址、文通塔、官府衙门及从前的新罗人居住区等。

江苏淮安：楚州总督漕运公署遗址

这个公署是水上交通运输的管理、监察机构，"总督天下漕运事务"，在唐代权力极大。圆仁和随从们不得不接受总督漕运公署的安排，以获得许可在水道上航行。宋代及其后历代的公署遗址现在已向公众开放。孩子们可以在遗址的石基上自由玩耍，而且可以在发掘区域内任何地方随意放风筝，令我大为惊奇。这倒不失为一个融合新旧、古今的好方法。

淮安市楚州区：文通塔

有几个原因使得这座建于708年的唐代宝塔非常重要。它是龙兴古寺唯一的遗存。从前寺院的大半现被淮安中学据为校园。圆仁是顺便提到这个寺庙的，因为一个从扬州来送信的同伴就暂住在这里。同伴带来一封重要的书信，说另一位比圆仁年轻的留学僧圆载在中国学习的请求已经得到了批准。圆仁839年的日记写道："〔二月〕廿六日　早朝，全雅来。缘总管不交住（开元）寺，移住龙兴寺，相去五里。"先前我并不知道开元寺的位置可能在哪里，但这个小小的细节给我提供了一个寻找圆仁当年客居之处的线索。但是与龙兴寺"相去五里"，要从哪个方向算起呢？

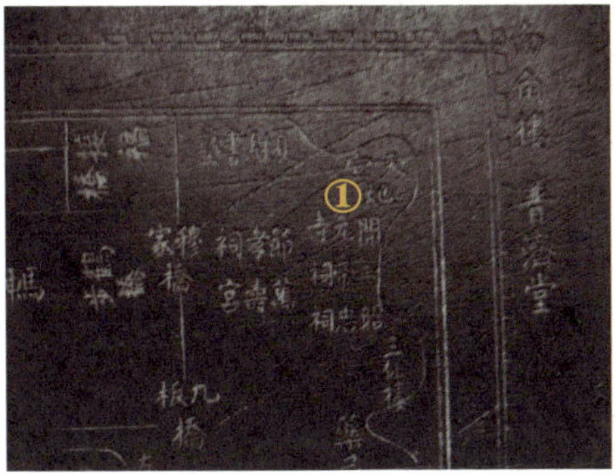

山阳城隍圩砦图，1873年石碑细部

我们如果不是全凭运气在附近勺湖公园的一座亭子里发现了这通石碑，可能根本无法确定开元寺①的确切位置。石碑上这幅制于清代的地图标注了龙兴寺②，而开元寺的字样就在龙兴寺上方。能够发现来自历史的实证真是让人激动，于是朋友们做了一个铅笔地图拓片，以便继续研究。经研究，我们发现地图碑铭是上下颠倒的，这么说开元寺实际上是在龙兴寺以南五里，也就是今天的淮安图书馆，在月湖旁边，离大运河不远。

楚州区：勺湖公园

文通塔的北面是唐代的楚州府衙门所在地。圆仁839年、845年和847年途经此地时，就是在这里多次申请在城中居住的文牒，经常遭到拒绝。遗址上开了一家饭食做得很好的饭馆；吃过午饭后，我到塔后转悠，在"衙门"遗址附近发现了一座官府样的建筑。我想这就有点气氛了，毕竟这里是楚州刺史于当年三月十九日设宴为日本遣唐使团送行的地方。

圆仁住在楚州开元寺的时候，有消息传来，说同在使团中的留学僧圆载禅师已经得到朝廷许可，可以去天台山国清寺学修了。圆仁于是将在日本拟定、准备请天台宗大师们解决的30个佛学问题托付给圆载。他还给了圆载一件袈裟，那是日本延历寺座主赠给天台宗方丈的礼物。他写道："惜别，惆怅。"

我相信，就是从那一刻起，圆仁决定了另寻办法留在中国。他不能改变朝廷的拒绝态度，但在楚州发现一些新罗人有与地方官员沟通的特殊渠道，并且愿意支持他。日本大使也说："如要留住，是为佛道，不敢违意，要住即留。"这样，在我眼中，楚州不仅是一个水运的十字路口，而且也是圆仁思想面临抉择的一个十字路口。

4 船行黄海：自海州至乳山

839.3.26～

圆仁一行沿着淮河向大海方向进发。他们于839年三月经过古港口海州，九条船组成的船队就从这里出发，驶入黄海（时称东海）。这时出了件事——该故事在日本流传时又添加了一些虚构成分——圆仁和弟子请求留在岸上。这是他们第一次试图与使团分开，滞留在中国。但是，他们被地方巡警捉住，送回船上。后来，845年至847年间，圆仁还曾数次回到这个地区觅船回日本。

江苏连云港：海州古城楼

在唐代，海州是一座重要的滨河滨海港口。现在它只是连云港市的一个行政区，不过仍保留了很多古代的遗迹、遗址，比如这座古城楼。

海州百子庵

我在这座古城寻找佛教遗迹时，与这个名为百子庵的尼庵不期而遇。两位尼姑帮了我的大忙，为我指点这个地区的佛教圣地。一位尼姑来自天台山的国清寺，那就是圆仁到中国伊始即梦寐以求的地方。

连云港孔望山：摩崖石刻

圆仁845年再次路过海州，正是唐武宗"会昌排佛"最烈的时候。所幸，刻于公元200年左右的孔望山汉代摩崖石刻未遭灭顶之灾。据信这是中国最早的摩崖石刻之一。这里也是唐代的龙兴寺所在地，不过该寺如今已更名为龙洞庵，香火依然很旺。

连云港渔船

由当地新罗侨民制造和驾驶的九条船组成的船队启航，准备横渡黄海。圆仁在839年的日记中写道："〔三月〕廿九日　平明，九个船悬帆发行。卯后，从淮口出，至海口，指北直行。"连云港今天仍是一个重要港口。我就在港口中看到许多船只，包括一支海军舰队。

山东乳山港

大雾和细雨使得乳山港以及停泊其中的船只处于氤氲之中，一如当年圆仁亲眼所见的图景。乳山因为酷似女人乳房而得名。

连云港：领航员

他们沿着海岸线航行了大约26天时间，由于大风、大雾或是根本没有风而行动受阻。我也曾在一个大雾弥漫的日子乘船出海，马上意识到这航程是多么凶险。在这种情形下，我的领航员不愿意冒险深入大海。经历了与使团船队所遭遇的相类似的大雾天气，我终于理解圆仁何以经常记载他们在船上祈求神道教的住吉大神保佑的事。

重编的使团船队终于于四月二十五日驶入乳山湾。圆仁描述道："其乳山之体，峻峰高颖，顶上如锋，山根自岭下而指六方。"他们在岸边扎下营帐，等待风向转变，以便继续他们的航行。

在乳山停靠时，圆仁询问新罗翻译，他和弟子们留在中国的事是否可行，回答是"稳便"。可能就是在这一天，四月二十九日，圆仁最后下定决心不跟遣唐使团一起回日本了。

5 圆仁在赤山得到新罗人的保护和指点

839.6.1～

圆仁和日本遣唐使团所在船队绕过山东半岛海岸时，经历了旅程中最为凶险的一段。他们受阻于一场历时两天的狂风暴雨。圆仁这样描述他们的心情："同共发愿兼解除，祀祠船上霹雳神，又祭船上住吉大神，又为本国八幡等大神及海龙王，并登州诸山岛神等，各发誓愿。"圆仁师徒幸免于难。他们并未忘记在船上所发誓愿，回到日本后在比睿山建了一座小神宫，供奉（山东）当地诸神。

他们的船队终于于839年六月七日平安驶入石岛湾。石岛湾畔有赤山，圆仁是这样描述的："纯是岩石高秀处……山里有寺，名赤山法华院，本张保皋初所建也。"圆仁这里提到的张保皋又称张宝高，是朝鲜半岛著名的军人和商人，还曾任当时新成立的新罗政权的大使。自然，这座寺庙是由新罗僧人主持的。圆仁和弟子们下了船，当地僧人欢迎他们留在那里。圆仁的日记记录了他当时在那里遇到的每一个新罗僧人的名字。圆仁后来又曾来此地避难，并再次融入石岛的新罗人社会。

二十三日，官方使团的船队从石岛湾启航返归日本，圆仁没有一起走，他的两个弟子惟正、惟晓及仆人（行者）丁雄满（万）也留了下来。他设了个巧计，装作意外地被船队抛弃了。现在该怎么办呢？请教了新罗住持及几个僧人之后，圆仁受到启发，决定去圣地五台山朝圣巡礼，因为五台山比天台山近多了。不过，圆仁师徒现在算是在中国非法居留，因为他们没有官方发放的通关文牒。（没有签证！）

其后的七个月里，他们就栖身于法华院。不仅是僧人们，还有新罗通事、押衙张咏，都给了他们强有力的支持。张咏八年后还将扮演使圆仁得以回归日本的主要角色。

文登的官府向当地官员们下令，要他们密切注意圆仁的行踪。所幸，法华院对官府还有一点影响力，僧人们给圆仁出主意，劝他在文登县衙先申请初步的通关文牒。

圆仁的牒状是这样写的：

“远闻中华五台等诸处，佛法之根源，大圣之化处……今欲往赴诸方，礼谒圣迹，寻师学法。恐所在州县关津、口铺及寺舍等不练行由，伏望使君仁造，特赐公验，以为凭据。伏请处分。牒件状如前。谨牒

开成五年三月五日

日本国求法僧圆仁状上”

山东石岛赤山

赤山果如圆仁所描述的那样高峻，法华院就处于赤山群峰环抱之中。圆仁曾在赤山法华院内挂单八个月，学习了很多新罗佛教功法，并和这里的僧人一起诵读《般若心经》。他写道，一些经文是用梵文诵读的，另一些则用中文，不过用的是新罗的声调。他还描述了僧人们辩经的情景。我见到这座寺庙完全得到修葺，真是又惊又喜。佛殿都漆成了明亮的朱红色。我见到几个僧人，他们都熟知本寺的新罗渊源，也知道圆仁曾在此长期居留。

石岛湾

日本遣唐使团船队应该就是从这里驶入地平线的；圆仁则在岸边目送它们远去。

新罗将军、大使张保皋

法华寺的这幅画像纪念的是本寺的创建者和资助者张保皋。尽管圆仁从未与张保皋会面，但张通过他在中国沿海地区的新罗关系网给了圆仁很大支持。今天，山东沿海地区又出现了一些韩国商人的大社区。

今日法华院

石碑遗迹

圆仁日记帮助这里的人找到了法华院原址。

圆仁山东行迹图

1923年，两个日本人试图重走圆仁的求法路线，却没有找到法华院的任何遗迹。他们请人制作了一通刻有圆仁求法路线的石碑，并将其赠送给青岛博物馆。今天的法华院亦立有其复制品一通。

法华院：圆仁及弟子蜡像

新近开放的圆仁纪念堂设计了五间房屋，专门纪念圆仁及其在唐代中国度过的时光。蜡像表现的是他们给府衙写牒状的场景。

石岛农妇

我问在寺庙后面栽种盆景出售的吴女士是否知道寺庙的历史。她说这座寺庙与韩国人、日本人有密切的关系，每年都有许多韩国和日本游客来参观。她还指给我看附近山上高高耸立的张保皋纪念塔。

山东文登：海草屋顶的民房

圆仁不得不在文登县衙同官员们交涉，求得允许他留下或继续旅行的通关文牒。在去往文登的路上，我发现仍有一些民房是用海草做屋顶的，这是一种在海滨地区传流已久的手艺。当地人告诉我，造一个屋顶要用500公斤海草。不知这是否就是圆仁途经这里时所见的景象。

圆仁再三申请许可未果，便和一个官员一起去了文登镇，并于840年二月二十四日得到通关文牒，可以作有限的旅行，但若想获得进一步的文牒，须到更高一级的登州刺史府申请。圆仁写道，他们不得不等在县衙外，直到听见鼓声召唤，才能进去见官陈情。二十二日，圆仁得知文宗皇帝驾崩，新皇帝杀了长安城中4000个在先帝那里得宠的人。圆仁得到通关文牒后，即和弟子们赶往登州寻求进一步的许可，以便开始他们的五台山朝圣之旅。

6 圆仁在蓬莱申请通关文牒

840.2.25～

圆仁和弟子

圆仁带着两个弟子和一个仆人沿着山东海岸向登州（今蓬莱）的府衙进发。他们这是第一次单独行动，全靠沿途的好心人布施饭食、提供住处。他们在经过的村庄一般都会受到热情款待。在一个地方，他们"不报直入宅里，得主人怪，但主心殷勤"。

（野雪绘）

山东威海盐田

圆仁在日记中提到在盐田遍布的的地方艰难跋涉的事。甚至在今天，这里仍然有片片盐田，沿袭旧法利用海水晒盐。

山东龙眼港

如今的高速公路和当初圆仁所走的路线基本相同。高速路有一个出口通往牟平，圆仁就是在那里的庐山寺住了一晚。他在日记中提到的一些旧地名在现代的地图上依然有用，比如牟平的龙眼港。这里每周有两三班客轮开往韩国。

圆仁日记中对美丽风景的描绘和关于黎民百姓艰辛生活的记录比比皆是，例如：“从登界赤山到登州行路，人家希，总是山野。牟平县至登州，傍北海行，比年虫灾，百姓饥穷，吃橡为饭。”

蓬莱安香寺村：穿迷彩服的小男孩

现代化的高速公路网在富饶的农田上纵横交错，然后进入蓬莱，这个原来叫做登州的要塞。这个地方已经不再是圆仁描述的那样荒无人烟了。有一个出口标着"安香寺"。圆仁在山东北部作艰苦旅行时，曾在这个只有80户人家的小地方歇脚、吃午饭。我们走进村里一条小巷，看见一个小男孩拿着步话机，他是负责看护旧石磨的。

安香寺

村子里的安香寺在唐朝的时候叫做通金寺。它的一座残破的佛殿现用作仓库，我们对此很感兴趣，还进去看了看，这让村民们非常吃惊。我们认为其中的一把古董椅子可以再现圆仁的午间小憩。"〔三月〕二日　平明发，行廿里，到安香村迟彦宅斋。行廿里到登州，入开元寺宿……乍行山坂，踏破脚，策杖膝步而行矣。"我问村民们有谁知道迟彦家，但一无所获。假使时间允许，我也愿意像圆仁在840年所做的那样，走上20里山路从村子赶往城里的寺院。

蓬莱阁

圆仁在日记中记述，大海在登州（蓬莱）的北面，有一座小庙向海而立。从这些文字可知，他指的是蓬莱阁的龙王庙（明王庙），庙里至今还生长着一株千年古槐。每逢天旱，人们都要把龙王像抬到太阳地里，让他“出汗”，以此祈雨。蓬莱阁附近有蓬莱水城，是中国最古老的海军基地；从蓬莱阁俯瞰的海域正是渤海与黄海的交界处。

蓬莱阁旁小湾中的船

选一个晴天站在水城城墙上，可以看到一条远远伸入渤海的岛链。早期的日本官方使团来华，往往绕过朝鲜半岛，走这条更安全的路线，实际上，遣隋使团都是这么走的。值得注意的是，只是在日本与朝鲜半岛上的百济的联盟解体后，日本使团才选取了直接横渡辽阔大海的路线。

既然从朝鲜半岛来中国的路线相对好走，那么圆仁日记中屡屡提及登州的新罗侨民也就不足为奇了。他写道："城南街东有新罗馆、渤海馆。"2002年我曾在蓬莱饭店招待所住宿，那时粉红色的合欢花正在盛开。这里就是前面说到的新罗馆旧址。

圆仁就是在这里发现了僧房墙上那幅褪了色的画。该画是先前的日本使团成员委托绘制的，叙述缘起的文字都看不清了，只能看见“日本国”三字，还有日本供养人的官位姓名。所幸，圆仁尽可能抄下了画旁的所有文字。日本与该寺的特殊联系以及日本供养人的名字就这样因圆仁的偶然到访而得以流传后世。他成了这幅画的最后一位见证者，因为几年以后开元寺就在“会昌排佛”中被毁。

据当地历史学家李克说，1949年的时候寺院原址上还立有几座佛殿，有五年时间被一所学校占用，但为了建住宅楼，这些老建筑终于被拆除了。我们站在已不存的朝东的山门前，李先生给我指点佛殿原来都在哪里。这幢住宅楼的位置是一座招待来访僧人的佛殿所在地点，而且我们认为也是圆仁滞留登州十天所住的地方。

山东蓬莱：开元寺遗址

可以想见圆仁到达登州开元寺时是怎样地筋疲力尽。开元寺位于蓬莱城的西南角，是当时城里最大的寺庙之一。很不幸，我发现这幢住宅楼建在了开元寺和它院内的古井——寒玉井——上面。

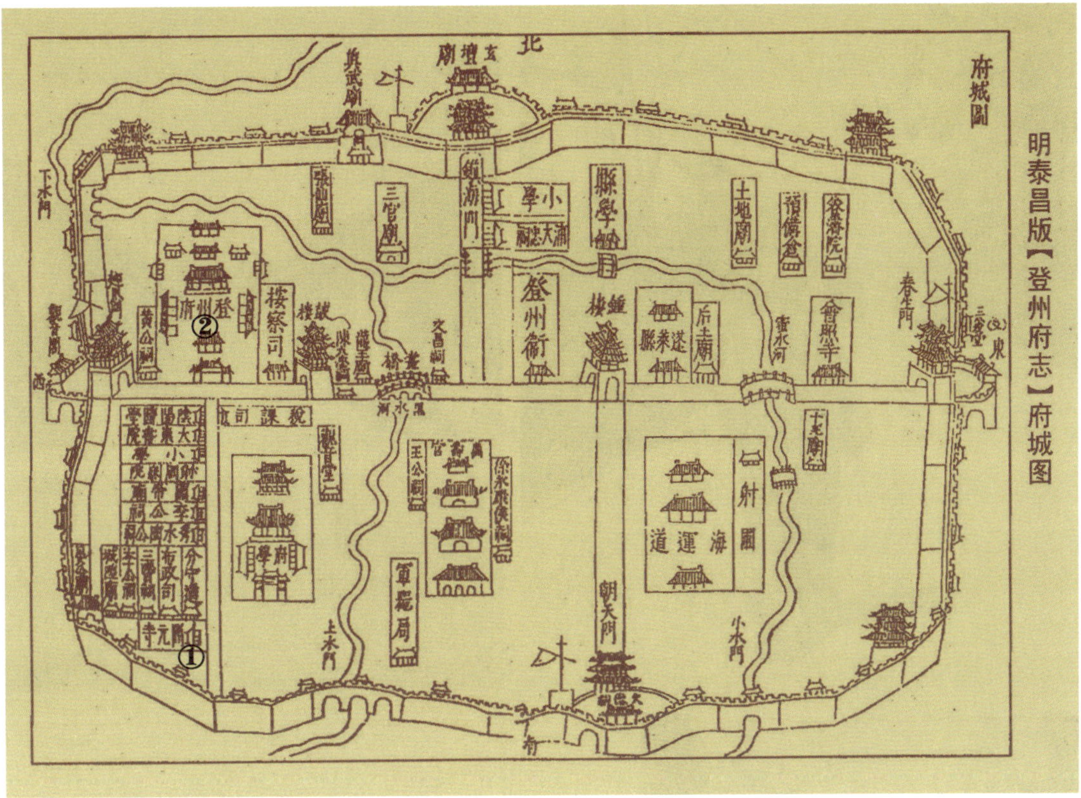

明代登州府城图

这幅地图显示开元寺①在登州最西南角的城墙内侧。有一条路从该寺通往登州都督（刺史）府衙门②的旧址　刺史（使君）是朝廷在此地的最高权力代表。正是在那里，圆仁亲眼目睹了承接圣旨的全过程：

“……大门北砌上置一几，几上敷紫帷，上着诏书，黄纸上书……从内使君出来，军将二十人在使君前引，左右各十人。录事、县司等见使君出，伏面欲到地。”

通往都督府的石路

圆仁无数次走出寺门，沿着这条石板路去登州都督府，每次要走四分钟左右。圆仁向刺史请求颁发允许他们去五台山求法的通关文牒。另一个请求是允许携带剃刀和钵盂，因为作为和尚他们每天都要剃头和化缘，而这两样都是违禁物品。刺史是个信佛的人，他给了圆仁一些路上吃的东西。但是，他只能向圆仁发放临时的州牒，并且告诉圆仁，州牒须到青州节度府公验，才算通用的通关文牒。

山东蓬莱：粮食

圆仁在日记中常常提到粮食的价格，比如："城正东是市，粟米一斗三十文，粳米一斗七十文。"尽管我们知道唐代的一斗相当于现在的5.9升，但还是难以将1997年蓬莱一家粮店的粮价与840年该地的粮价相比较。不过，我仍然把1997年蓬莱市场上的粮价作为资料抄录于此：5公斤一袋的大米售12元，10公斤一袋的白面售29元。

仆人和驴

圆仁准备继续他的旅行时，军事押衙王长宗布施给他一头驴，供他驮粮食用。在登州逗留十天以后，圆仁一行四人再加上一头驴又上路了。840年三月十二日的日记记载道："便发，向卅里，到黄县界九里战村少允宅宿。主人无礼数。"第二天他们在战斋馆的午饭吃得极简陋，因为"主人极悭"。我的一个朋友的妻子说战斋馆是她的祖居地，我没敢告诉她圆仁日记所记载的在此地的不愉快经历。

（野雪绘）

7 在青州大受欢迎

840.3.21～

青州是唐代最大的一个节度府的府治所在地，青州府下辖面积有时甚至比今天的山东省还要大。所以说，圆仁于三月二十一日抵达的是一个重要的城市。他和弟子们在龙兴寺待了十天，同时去州衙上呈牒状，并得以拜见尚书（带尚书衔的节度使），尚书最后给了他们所需的前往五台山和都城长安的完整的通关文牒。圆仁写道：“〔四月〕一日　朝衙得公验。尚书赐给布三端、茶陆斤。”

圆仁现在有了正式的旅行许可，即将凭此文牒以一个高级僧人的身分上路。他们师徒终于可以在抵达中国一年半以后真正开始他们的朝圣巡礼了。

青州市政府大楼

龙兴寺碑

龙兴寺碑是中国最大的北齐（550—577）时代的石碑，立于573年，现位于青州偶园。据说在唐代，龙兴寺和它的下院住着几千个和尚，其规模可见一斑。圆仁抵达青州时，就住在该寺的新罗院。

青州博物馆建在龙兴寺遗址上。现任馆长兴奋地讲述了他们的佛教珍宝的故事。我来参观过几次，很感激他们的盛情款待，也感谢他们允许我在博物馆里拍照。博物馆副主任孙新生先生高兴地领我观看他们出土残破的佛像的地方——毗邻的一所学校的操场。佛像是一个挨一个整齐地码放着的，每尊佛像都按照佛家传统用稻草仔细裹好。他说，那些面朝下摆放的佛像比那些面朝上的保存更为完好。

青州博物馆：立佛造像

圆仁没有想到的是，由于朝廷下令灭佛，五年之后龙兴寺精美的佛像被毁，僧人被勒令还俗，佛经也付之一炬。1996年10月，在一所学校的操场出土了一批珍贵的佛像，其颜色仍然鲜艳夺目。这是一尊东魏（534—550）时期的佛像。

青州博物馆：菩萨立像

青州市建起了这座博物馆，以陈列和修复这些终于重见天日的佛像。专家认为，这些破损的佛像可能是12世纪龙兴寺由道士们接管时被僧人们小心掩埋起来的。这尊菩萨像也是东魏时期的作品。

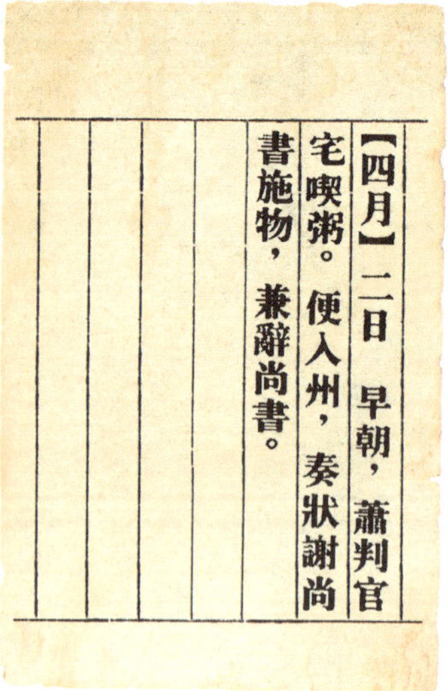

【四月】二日　早朝，蕭判官宅喫粥。便入州，奏狀謝尚書施物，兼辭尚書。

山东青州：造像锔子

这是一尊北齐时期佛造像背后的光轮。上面的裂痕早已有之，也许是845年唐武宗灭佛时留下的。我们可以看到裂痕被铁锔子锔了起来，这说明佛像早在古代就曾修复过。

青州：唐楸 ▶

这棵唐楸也许见证了840年四月一日发生的事情：圆仁受到青州节度使接见，终于得到了盼望已久的通关文牒。他在日记中还提到了节度使去“毬场”的事以及当时马毬的盛行。

青州古城

我发现，青州古城还保留着一些古时的奇趣雅韵。这个社区的居民大多数为穆斯林，是元朝的时候迁过来的。青州人口9万，其中有3万是穆斯林。

青州驼山：远足的老人

人们仍然喜欢沿着古道去青州郊外驼山的佛窟远足。（驼山因形状酷似驼峰而得名。）这很像是唐代来自四面八方的香客们沿着古香道前来上香。

青州驼山：石窟中的唐代佛造像

驼山有很多唐代佛窟，我们可以据此了解当年圆仁一路上目睹的佛教的盛行及佛教雕刻艺术的高超。

8 朝圣之旅：经醴泉过黄河

840.4.3～

840年四月三日拂晓，圆仁和弟子们离开青州。他写道："幕府从初相见之时心极殷勤，在寺之时每日有恩施，慰问不绝。发行之时差人送路，兼示道路。今日尚书、监军诸神庙乞雨。从寺里过州城，西北去城十里有尧山，山上有尧王庙……相传云：'每乞雨时，多感降雨。'"我沿着圆仁走过的路离开青州，登上城西北方向的尧山，结果发现山上的尧王庙已在"文革"中被毁。

长山少女

第一天晚上他们到了金岭镇，住在王家。圆仁写道："主人心性直好，见客殷勤。"第二晚他们投宿长山一个锻工家，圆仁说主人"心平有道心"。我在长山附近向一个小姑娘问路，但她不知道怎样去下一站——醴泉。

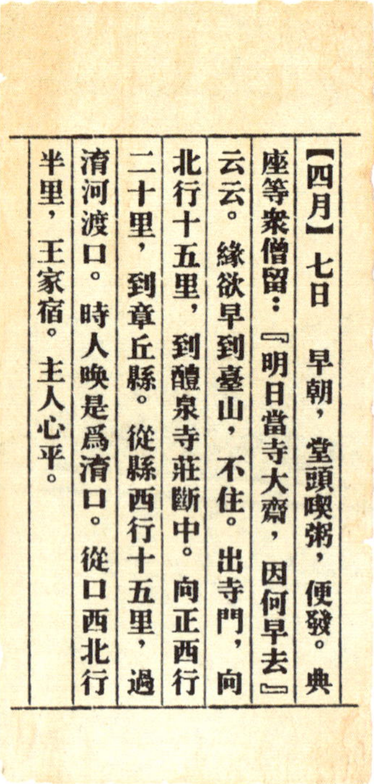

【四月】七日 早朝，堂頭喫粥，便發。典座等衆僧留：『明日當寺大齋，因何早去』云云。緣欲早到臺山，不住。出寺門，向北行十五里，到醴泉寺莊斷中。向正西行二十里，到章丘縣。從縣西行十五里，過濟河渡口。時人喚是爲濟口。從口西北行半里，王家宿。主人心平。

醴泉谷香道

圆仁一行继续前行，"正西入谷，行过高岭，向西下坂，方得到醴泉寺果园。吃茶，向南更行二里，到醴泉寺断中。"在今天按照圆仁指示的方向作一次历险依然是可能的。

醴泉寺谷

醴泉不见于任何一张地图，我只得求助于邹平市外事办，以找到这个如此偏僻的地方。读圆仁日记的这一段真令人激动，因为他的描述与现实情景完全吻合："东西南方嵩峰连塞，北方开豁无山阜矣。寺舍破落，不多净吃。圣迹陵夷，无人修治。"他还写道："堂西谷边有醴泉井，向前泉涌，香气甘味。有吃之者除病增寿。"

山东邹平：醴泉寺遗址

风光秀丽、人迹罕至的南陈村山谷有一处佛教圣地，叫做醴泉寺，亦称龙台寺，在唐代初年是山东中部最大的寺院。寺内著名的古泉旁有一石，上刻“醴泉”二字；但醴泉现在不过是一潭浅水，“香气甘味”全然没有。一座风雨侵蚀的夯土大门就是该寺古代的山门。从山门的宽度，我可以想见该寺全盛时期的规模。

醴泉寺遗址：唐代石碑

醴泉寺内有一唐代石碑，历经千年风雨依然矗立，碑上仅顶部雕刻的佛像依稀可辩。见到此碑令我欣喜异常，因为它为这处圣地的谱系提供了重要证据。圆仁在日记中提到了这样一通石碑，碑文记述了本寺一位名僧的行迹。这位高僧在世时泉水还是甜的，但他圆寂以后泉水就干涸了。“斋后巡礼寺院，礼拜志公和上影……其本缘镌着碑上。”圆仁住在这座已经开始衰败的寺院的新罗院中。

醴泉寺谷农人

现在只有五户农家居住在山谷里。和善的70岁樵夫老张给我备茶时，他养的鸡就在周围跑来跑去。他家已在那里住了很多代。老张的第一个问题是："你养什么？"听我回答说只养了狗，他显得有点失望。然后我问他早先的寺庙的情况，他说抗日战争时这里发生过好多次和日军的战斗。思绪倏忽回到唐代，此情此景让我想起了圆仁记叙他在附近的仙人台史家吃茶、住宿的文字。

醴泉寺的僧人们挽留圆仁一行多住些时日，但这些朝圣者必须赶紧上路了。他们沿路向西北行进，渡过济水。四月十一日，他们抵达黄河渡口。“水色黄渥，驶流如箭……渡口南北两岸各有渡口。城南北各四町有余，东西各一町许。此药家口多有舟船，贪载往还人。每人出五文，一头驴十五钱……过河北岸断中。四人每人吃四碗粉粥。主人惊怪：‘多吃冷物，恐不消化矣。’”

黄河渡口：胡家岸浮桥

在唐代，流经这里的黄河位置要偏西25公里；圆仁就是在那里渡河前往五台山的。胡家岸浮桥跨过的黄河水现在流过的却是济南以北济水的古河道。一到汛期，浮桥就不能用了，有15天河道中间的浮船要移开，以便洪峰通过。

近观黄河水

胡家岸：浮桥上的卡车

现在过桥是要收费的，小轿车和拖拉机10元，大卡车30元，摩托车2元，自行车1元，行人步行过桥免费。我问一个官员，一头驴收多少钱？当他听我说，根据圆仁日记记载，当年过桥时驴子的价钱是平常过桥费的三倍，他便笑着说："哦，那就3元吧！"

9 走唐代的路：自南宫至曲阳

840.4.11～

圆仁描述他们从山东德州到河北曲阳这一段行程的文字，让我们对他的羁旅生活有了近距离的体察。840年四月十一日，他们在德州过夜。他写道：“主人无道心。”看来他太行色匆匆了，甚至顾不上注意鸡、黑陶、棉花或大驴这些让德州在今天享誉中华的特产。幸运的是，次日晚上他们投宿在信佛的孙家。在清河镇（原贝州），他们得以在开元寺寄宿并且见到新建的戒坛。有400余名僧人刚刚受戒。另一天，他和他的旅伴们化得一碗榆钱汤作为午饭，这是家境困窘的主人唯一能提供的东西了。

河北：南宫塔

圆仁一行沿着建于唐代的官道向西北方向前行，来到南宫，在一座寺庙中过夜。“寺舍破落，无有僧徒，只有知寺僧一人，见客不殷勤。房床铺设，总不勾当。”

沿着这段路追寻圆仁足迹的时候，我还以为这将是轻松的一天，因为他停经的地方在地图上都有清晰的标示。然而，和圆仁的感受一样，这一段行程同样恼人。路被挖开，集市上交通拥堵，在一个汽车货运站吃的午饭（像榆钱汤一样）索然无味，天气极热，尘土飞扬。我有点觉得这是圆仁在考验我的勇气——他是这样写的："热气如蒸。"

河北赵县：赵州桥

圆仁一行于四月十八日渡过新河，而且很可能走的是著名的赵州桥。这座中国最古老的单孔石拱桥也叫安济桥，建于隋代（581—618）。桥的石栏上雕刻着很多精美的蟠龙。不过，圆仁投宿的这座寺庙却异常寒酸。

河北正定：天宁寺凌霄塔

所幸，镇州（今正定）的情形要好得多，圆仁师徒在那里到镇州前节度使的庄上投宿。“主人有道心，于客殷勤。”作为这里的古代遗迹之一，凌霄塔矗立于唐代的天宁寺内。我将其视作圆仁法师在正定停驻的象征。

正定通往西北方向五台山的道路蜿蜒曲折，圣地进香路的东线就从此开始。这一地区星罗棋布的众多旧寺院成了香客们的歇脚处。

曲阳石雕

圆仁途经的这个地方处处回荡着敲凿的丁当声——阳平和曲阳的石雕自北齐时期起就很兴盛，全国的寺庙里都有这里的工匠雕凿的佛像杰作。现在他们主要为酒店饭馆雕刻门前的石狮子。

河北阳平：石佛

阳平以其精湛的传统石雕技艺闻名于世，这尊孑立于村子小树林中的北齐佛像即是一例。虽然几年前佛头被盗，但它仍是那样精美绝伦。圆仁可能于这一年四月二十二日见过这尊佛像。

骡马大市

一个商贩在骡马市上卖牲畜用具。骡马市每月举行一次，吸引了附近村庄的大批农民。很容易想象圆仁在日记中描述的情景：他在阳平遇到了一些从五台山下来的和尚，他们刚刚买了麻油，还买了50头驴，就用这些驴驮着麻油上山去。2003年，这里每头驴的价钱是800元左右，骡子则要卖到1100元。

10 翻越太行山

840.4.23～

圆仁和弟子们沿着西通五台山的主进香道前行，路上得以在接待香客的寺庙客栈休息。圆仁称这些客栈为“普通院”。

河北阳平：黄山八会寺

圆仁日记曾写道：“（840年）〔四月〕廿三日　早朝，吃粥。向西北行廿五里，到黄山八会寺断中，吃黍饭。时人称之为上房普通院。长有饭粥，不论僧俗，来集便僧宿，有饭即与，无饭不与。”

今天，进香客们仍然住在修葺一新的八会寺里，有些人以炭火煮粥。佛殿中有一僧人带着一群人在诵经。我认为这整个场景都与唐代无异。圆仁在此住宿时，还在他那通常就事论事的日记里加了点小小的幽默：“院中有两僧，一人心开，一人心郁。有一黄毛狗，见俗嗔咬，不惮杖打；见僧人，不论主客，振尾猥驯。”

黄毛狗

出了曲阳，路便开始上坡。一如圆仁旅途所见，有牧羊人赶着羊群在山谷里走。我遇到从浙江省来的一群养蜂人，他们有一条黄毛狗，不止对僧人，对谁都友好。在他们身后高高的灵山上，有一座小庙让我想起圆仁提到过的两岭普通院：“缘近年虫灾，今无粮食。”他只好动身去找下一座有饭吃的寺院。

扫路车

这个绝妙的装置就在曲阳城外扫马路。

河北：远眺太行山

河北：太行山

圆仁师徒向西行，跨越太行山。阜平是翻山越岭进入山西前的最后一个城镇。圆仁十分赞赏这里挺拔的松树。我在阜平吃过三顿午饭，不是为了这里有什么名菜，只是因为这是进山前的"最后一站"。站在镇中心大沙河桥上西望太行，松林的景致的确美丽动人。

山谷中的羊群

走在同一条路上，我很可能写下和圆仁日记里的词句一模一样的话："天阴，发，从山谷西北行廿五里，见过一羊客驱五百许羊。"

河北阜平：龙泉关

在2000多米高的狭窄山口处有一古代哨卡，叫做龙泉关，今遗迹尚在。圆仁到了龙王庙，发现这里的龙泉清凉甘冽。我拾级而上，到了当地人用来接待客人的一座小庙——六郎庙。这座庙最近成了一座佛寺，我认为就是圆仁发现泉水的那个龙王庙。从这里可以欣赏到连绵不绝的群山。

山势险峻，于是我像圆仁他们那样步行通过这一段路。这样一来，我就有了闲暇尽情欣赏漫山遍野盛开的野花。远处，群山绵亘在地平线上，一片青黛。圆仁将此景描述为“翠峰吐云”。

11 古香道和普通院

840.4.27～

"廿七日 ……逾大复岭。岭东溪水向东流，岭西溪水向西流。过岭渐下……松翠碧，与青天相映。岭西木叶未开张，草未至四寸……薄暮，到角诗普通院宿。"

山西铁堡村：门楼

古香道正好从铁堡村村口的门楼下穿过。现在附近又新修了一条路，但我还是沿着老路穿过村子的中心。午后，村民们三三两两地蹲在石路旁晒太阳，对外人穿过他们的小村习以为常。也许这也是圆仁经过时见到的情景。

山西卢家庄：佛林寺塔林 ▶

在通往五台山的古香道旁有很多风景如画的小山村和寺庙，从圆仁的时代起，已开始迎来送往进香的香客们。这片塔林就在佛林寺旁。圆仁在日记中说，他们进入山西省时，这样的寺庙客栈（普通院）越来越多了。

山西铁堡村：老爷庙里的孩子们

孩子们在老爷庙的院子里玩耍。这里原本也是一个供香客落脚的普通院，现在成了铁堡村小学校。见有访客来，这些孩子可比那些老人兴奋多了。

山西：通往台路寺的石桥

这座饱经风霜的金水桥现在通往名为台路寺（又名老虎庙）的喇嘛庙，圆仁可能也走过类似的一座汉白玉石桥。传说老虎庙的得名是因为康熙皇帝曾在此猎杀过一只老虎，不过那可比圆仁路过的时候晚多了！

普济寺槐树

去往五台山的香道在石嘴乡石嘴村拐向西北。一棵古槐树像一名哨兵一样守卫在普济寺的山门旁。这个小村在古代是一个哨卡，圆仁经过的时候就存在了，因为敦煌莫高窟61窟描绘唐代五台山地区寺庙的壁画上就有它的名字。假如这棵古槐能开口说话，它会告诉我们千百年来有多少朝圣的香客从身旁走过吗？它会记得圆仁师徒这几个异国僧人吗？

山西：金刚库村老路

我沿着这条严重磨损的石路穿过金刚库村。圆仁和弟子每天要赶三四十公里路，既走官道，也走这样的小径。

金刚库村：金刚庵究空住持

我有幸几次在金刚庵或是五台山的法会上见到究空住持。我们每次见面都要像“老朋友”那样热烈拥抱。她是个坚强而虔诚的尼姑。

金刚库村：金刚庵尼姑

究空住持的弟子们在帮她穿僧袍。庵里住着十多个尼姑，她们为香客们准备了客房，还为他们做斋饭——圆仁路过的那些帮助香客的普通院也是这样做的。

金刚庵

金刚庵坐落在清水河旁，从这里再走几站就到五台山了。

山西五台山：清水河

清水河是最后向五台山进发必经的一条河。从山东石岛出发，经历了44天、1270公里千辛万苦的长途跋涉，840年四月二十八日，圆仁终于在这里看到了梦寐以求的圣地五台山。百感交集的他泪流满面，跪地长叩。

圆仁写道："此即清凉山'金色世界'，文殊师利现在利化。"师徒四人终于进入五台山圣地，不过他用的是其古代的名称"清凉山"。他们口诵以五台山为道场的文殊菩萨之名，因为现在他们已在菩萨的庇佑之下了。

12 圆仁在五台山之一：竹林寺

840.5.1～

到达五台山让圆仁师徒耗尽了最后的气力。法师和弟子们在一个小寺院告别了驴子，跨过一座高桥到了著名的竹林寺。圆仁在五台山圣地停留了两个月（840年农历五月和六月），在几座寺院里领略了佛学的博大精深。他终于得到机会向中国最有名的佛学大师们学习。真正的求法巡礼开始了；毕竟，求得这种广受欢迎的知识，正是他渡海西来并坚请官衙发放通关文牒、允许他踏上圣地之旅的目的。

山西台怀镇：五台山谷地

在北山南望，台怀镇尽收眼底，远处是五台山的南台。圆仁在日记中草草写下这样的词句："树木异花不同别处，奇境特深。"我是在1986年旅游热还未兴起时初访五台的，不过接下来的四次造访中见到的谷地壮阔风景依然没有改变。

敦煌壁画《竹林寺图》

甘肃敦煌莫高窟61窟内的巨型壁画展示了唐代五台山的面貌。壁画的这一部分表现的是圆仁到五台山后居住的竹林寺。这幅壁画摹本由李承仙女士绘制。

竹林寺小和尚

竹林寺的所有佛殿都有圆仁居留的痕迹，比如这里的一座玉石戒台。圆仁的弟子惟正、惟晓就是在此受具足戒的。

“〔五月〕二日　入贞元戒律院。上楼，礼国家功德七十二贤圣、诸尊曼荼罗，彩画精妙。次开万圣戒坛，以玉石作，高三尺，八角，底筑填香泥……谒押坛老宿法讳灵觉，生年一百岁，七十二夏……见客殷勤。”

竹林寺塔

唐代的竹林寺以寺中饱学的高僧享誉天下。圆仁将在此学到的许多修行方法带回日本，在自己的本寺推行"常行三昧"法，即90天中昼夜不停地经行绕佛，同时一心诵念"南无阿弥陀佛"。

圆仁纪念堂

现在竹林寺有一座大北房专门用来纪念圆仁，供奉着"慈觉大师"的画像和牌位。大雄宝殿外一通20世纪30年代日本人捐立的纪念圆仁的石碑尚在。我们2002年来拜谒的时候诵了经、捐了钱，还在寺院中种了16棵树。这些新栽的小树似乎没有得到特别呵护，浇水不够，我们两个月后再回来，发现只有一棵树成活。

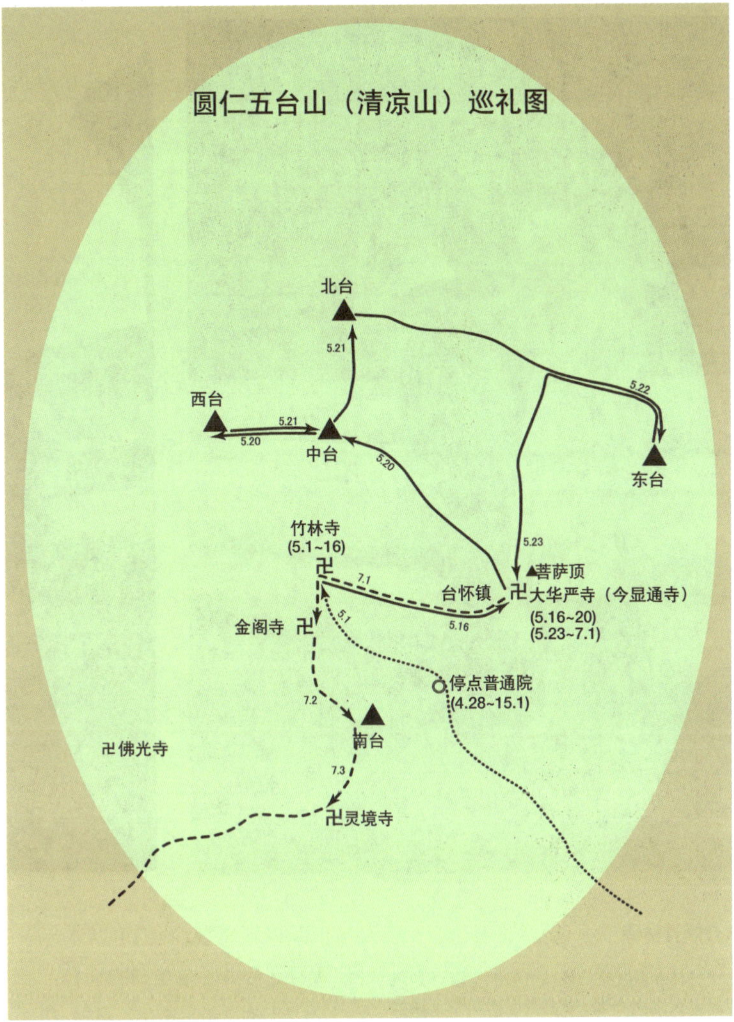

圆仁五台山巡礼图

栎木县立博物馆千田孝明先生绘制的这幅地图标示了圆仁在五台山巡礼时在日记中提到的地名。作为一个信仰坚定的朝圣者，圆仁走遍了所有主要佛寺。唐代鼎盛时期这里有400多座寺庙，而今天仅存40多座。

重修竹林寺

让竹林寺恢复往日恢弘气势的重修计划风风火火地进行着。看着工匠们切割大块的木料以用作新佛殿的巨型柱子，让人于恍惚间回到了1000年前。圆仁写道："竹林寺有六院：律院、库院、华严院、法华院、阁院、佛殿院。一寺都有四十来僧。"

从以下文字，我们可以体会圆仁置身五台山所感受到的狂喜：

"此清凉山，五月之夜极寒，寻常着棉袄子。岭上谷里树木端长，无一曲戾之木。……举目所见，皆起文殊所化之想，圣灵之地，使人自然对境起崇重之心也。"

圆仁日记第二卷终。

13 圆仁在五台山之二：会见高僧

840.5.16～

敦煌壁画《五台山图》

敦煌莫高窟61窟的壁画不仅描绘了五台山的众多佛寺和五座台顶，还再现了圆仁来访时代五台圣地僧侣、香客和普通百姓的生活场景。因为五台山是文殊菩萨的道场，所以每座寺庙都供奉有文殊菩萨的塑像。这幅绘有文殊菩萨坐像的壁画摹本系画家李承仙女士所绘。最终回到日本后，圆仁模仿五台山一些主要庙宇的建筑构造，在延历寺中修建殿宇。其中的文殊楼就是根据他在这里看到的文殊堂的样式建造的。

photo by Liang Zhijun

殊像寺文殊菩萨像

礼拜文殊菩萨令圆仁如醉如痴。文殊作为智慧的化身，常被置于过去佛（释迦牟尼）左胁。"晚际，与数僧上菩萨堂院……开堂礼拜大圣文殊菩萨像：容貌 然，端严无比。骑师（狮）子像，满五间殿在。其师子精灵，生骨俨然，有动步之势，口生润气。"

殊像寺有一尊9.87米高的文殊菩萨骑狮像。这尊唐代菩萨像后来有破损，其头部是清朝的时候用荞麦面重塑的。据说雕塑师只有用这种材料才能表现这位五台山守护神的气质。

840年五月十六日，圆仁写道："早朝，出竹林寺，寻谷东行十里，向东北行十里，到大华严寺（今显通寺），入库院住。"他遇到了住在大华严寺的天台宗高僧志远大和尚。志远大和尚听说天台宗在日本日渐兴隆，大喜过望，还说起自己804年在天台山见过圆仁的师傅最澄和尚。

圆仁把从日本带来的关于天台宗教义的30个疑难问题呈上，请志远决释。志远告诉圆仁，这些问题已经得到解答，答案写在信笺上交给了获准去天台山求法的日本留学僧圆载。"志远和上云：'见说天台山已决此疑，不合更决。'不肯通矣。"值得注意的是，五台山的僧人对中国南方的佛教事业非常了解，信息在佛教界的流通非常顺畅。最终圆仁见到了一封书信的副本，信中说延历寺向天台山祖庭提出的疑问已得到了解答。

显通寺住持

显通寺依然是五台山地区所有寺庙中最著名的。我在那里见到了80岁的住持喜矩法师，他是五台山佛教协会的名誉会长，从12岁起就在此出家为僧了。喜矩法师坐在圆仁的画像前，谈到了在“念佛”（即不断诵念“南无阿弥陀佛”）上面圆仁以及日本佛教受到的影响。圆仁还学习了对曼荼罗宗教绘画的阐释、天台宗的斋礼仪式，以及被称为“台密声明”的引声念佛的密宗功法。这些知识都被他介绍到了日本。

塔院寺白塔

圆仁在日记中描述了五台山湛蓝的天空，还提到自己经常站在寺庙大殿的高处欣赏这壮阔的美景：“天色美晴，空色青碧，无一点翳。”他说五台山的一座佛塔是印度的阿育王出资建造的。照片上这座白塔是后来建造的，但已成为五台圣地的标志性建筑。

显通寺尼姑

圆仁在六月八日的日记中写道："敕使设斋，供一千僧。"这种以斋僧方式表达感恩敬佛之心的盛大场景在他的日记中多次被提及，是当时人们支持寺庙的常见习俗。僧尼们先是诵经，然后列队接受免费的素斋。图中的尼姑们正在准备接受这样一餐斋饭。

显通寺："设斋供一千僧"

2002年5月的一天，显通寺举行少有的"设斋供一千僧"活动，即按照古代习俗向僧人提供斋饭，以示虔敬。这一天的出资者是一位有名的影星。来自五台山地区各个寺院的1000多位僧尼们，甚至还有从西藏远道而来的宗教界人士，一齐聚集在本寺的大雄宝殿用斋。

显通寺："过堂"用斋

祈祷过后，所有僧尼在大雄宝殿中列队接受免费的素斋。一位僧人敲起木鱼，另一位敲起铜锣，招呼大家去"五观堂"用斋饭。大家诵过经，即默默地吃起饭来。每个人面前有两只碗，一只盛米饭，另一只盛蔬菜和豆腐。

显通寺五观堂：木鱼

塔院寺大藏经阁：成堆的钵盂

圆仁写道："敕使来，寺中众僧尽出迎候。常例每年敕送衣钵香花等……兼敕供巡十二大寺设斋。"塔院寺藏经阁的阁楼上堆放着许多钵盂。这可真是个不寻常的景致！

塔院寺大藏经阁

五台山地区惟塔院寺独有这种双层转轮藏经阁。藏经阁收藏了许多珍本、善本佛经。圆仁在日记中提到金刚窟存有这种藏经阁，这是关于中国这种独特建筑的第一手资料。"窟户楼上有转轮藏，六角造之，见于窟记。"

塔院寺大藏经阁：佛经

塔院寺大藏经阁珍藏着10多万卷古代佛教经典。年轻的僧人常尚法师允许我在这个不同寻常、雄伟壮观的藏经阁上浏览宝贵的古代佛经。圆仁在五台山的重要任务之一就是抄经，特别是抄写那些天台宗的教义，然后带回日本。

14 圆仁在五台山之三：巡礼五台

840.5.20～

圆仁和弟子们艰苦跋涉，朝拜了五台山的全部五座台顶。五台代表着东西南北中五个方位，这个提法在曼荼罗中很常见。远远望去，五台构成了覆碗的形状。由于风很强烈，五台之上都没什么树；台顶上的寺庙历史皆可以追溯到唐代甚至更早。

五台山：到中台的路上，孤独的僧人

圆仁沿着磨损严重的小径向中台跋涉。他写道："然五台高显，出众岭之上。五台周围五百里外便有高峰重重，隔谷高起，绕其五台，而成墙壁之势。其峰参差，树木郁茂，唯五顶半腹向上并无树木。"

我在路上看到前面一个孤独的僧人，恍惚间觉得自己是在跟着一个唐代朝圣者默默前行。

到中台的路上，冻土和冰葫芦

五台之上厚厚的高山肥土层一如圆仁在日记所记载的："然中台者，四台中心也。遍台水涌，地上软草长者一寸余，茸茸稠密，覆地而生。蹋之即伏，举脚还起……细软之草间莓苔而蔓生。"

远眺中台

圆仁说，从下往上看台顶，都是圆圆的，光秃而无树，几乎与蓝天相接。他于五月二十日造访中台，并且描述了他们如何爬过各种各样的山坡，累了就停下脚步、喝碗茶。我是5月1日登上的中台，前夜下了雪，寒气凛冽，天空碧蓝。

中台：唐代祈光塔

演教寺的庭院保护着这座唐代的祈光塔。圆仁在中台看到唐代皇后（女皇）武则天敕建的三座铁塔，现已不存。

中台喇嘛

这些喇嘛穿着薄薄的僧袍，但好像中台台顶寒冷的天气对他们没有任何影响。他们快到台顶时，就好像羚羊一样跳上山包，在松软的“高原沼地”上轻捷地健步如飞。这真是超现实主义的一幕，好像有什么东西从圆仁的日记中跳了出来。

西台路弯弯

五台之间皆有山坡或小路相连。去西台的人不多，因为那里风特别大，路难行。我就经历过那里的强风，站都站不稳。法雷寺的一位驻寺僧见有客来（还是一个外国女人），甚感惊讶，但很快就恢复镇定，向我兜售火绒草、野山菌和护身符。圆仁在法雷寺住过一晚，但我没住。

臺頂中心亦有龍池，四方各可五丈許。池之中心有四間龍堂，置文殊像。於池東南有則天鐵塔一基。圓形無級，高五尺許，周二丈許。莓苔軟草，磐石石塔，奇異花草不異於中臺。地上水湧，潛停於草下，窪處水停。三方崖峻，而東岸邐迤漸下，與中臺脚根連。

北台：小石塔

北台四周遍布代表小佛塔的石堆，那是千年的香客一块一块堆出来的。每块石头都意味着一次祈祷，象征那一刻许下的愿望和虔敬之心。

北台石径

龙王宫

北台是五座台顶中海拔最高的一座，因为空气稀薄，石径要慢慢地爬，才不致缺氧不适。圆仁到达北台后，先去了龙王宫，后去了佛殿。在那里他遇到一个和尚，三年未进食，每天只吃一次土。我也见过在此过冬的和尚，不过他们的屋子都安装了双层玻璃！

东台：山花烂漫

东台满山的野花，令人自然而然地想起了圆仁日记中的描写："*看其花色，人间未有者也……犹如铺锦。*"当地传说，五台的所有土地都是北魏孝文帝给文殊菩萨的。文殊菩萨向孝文帝讨要土地时，孝文帝没有多想，就应允给菩萨座具（跪垫）大小的一块土地；不料，菩萨的跪垫一下子长到方圆五百里。孝文帝受了骗，大怒，就在五台到处栽种味道辛辣的韭菜；文殊菩萨则针锋相对，在山上撒满了野花的种子。满山遍野的鲜花散发出的香气遮盖住了韭菜的味道。一种名叫"文殊兰"的花也是因文殊菩萨而得名的。

东台：望海寺日出

在五台山最动人心魄的体验之一是登上东台看日出。圆仁是这样感叹的："诚知五台山乃万峰之中心也。"

南台普济寺

圆仁即将离开五台山地区时造访了南台。他写道："于三间堂内，安置文殊菩萨像。白玉石造，骑白玉师子。"在此焚香就意味着五台巡礼的圆满完结。对我来说也是一样。

南台：经幡

15 圆仁离开五台山

840.6.21～

人人都知道，到了五台山不拜龙王是不可以离去的，因为龙王是五台的守护神。这一点自圆仁来访时直到现在都没有改变。

山西五台山：五爷庙上香

圆仁在日记中记叙他登上崎岖不平的北台去祭拜龙王宫时，也提到了龙王制服五台山五百毒龙的传说。不过，为让所有人祭拜方便，那座龙王宫后来迁到了镇上的显通寺旁。

敦煌壁画中的五百毒龙

圆仁写道："五百毒龙潜山而吐纳风云，四时八节〔不〕辍雷，雹频降矣。"

离开五台山之前，圆仁有幸目睹了色光云奇景。"其色殊丽，炳然流空，当于顶上，良久而没矣。"他身旁站着的供养僧名叫义圆，是从汾州来五台山送供品的，暂居于此，见此光瑞美景，流下眼泪，对圆仁说："义圆发心十年已来，每年送遍山供不阙，未曾见一相。今共外国三藏同见光云，诚知生处虽各在殊方，而蒙大圣化，同有缘哉！"

五台山：色光云

1986年某一天破晓时分，我也得以在东台上见到色光云（又称七彩光云）。和我同赏美景的是两个中国人——尼姑妙禅和和尚妙灯，他们都是菩化寺著名的佛教医药专家藏明的弟子。这让我想起了圆仁在日记中所说的“同有缘哉”！这美丽的光云是不是神奇的幻影，完全看个人的解释。对我来说，这特殊的经历给了我灵感和信念，激励我去追寻圆仁在中国走过的每一条道路。

五台山金阁寺

840年七月一日，圆仁开始向唐朝都城长安进发，首先到达五台山地区南缘的金阁寺，在那里住了两天。他在日记中花了大量笔墨详细描述金阁寺所有珍贵的宝物，特别提到了该寺大坛上所有的佛事法具。一些佛教遗迹和一幅阿育王寺的石上佛迹拓片令他大开眼界。最令他高兴的是听说日本僧人灵仙法师曾于820年来该寺，住过两年多。日本朝圣者常来金阁寺进香，还捐资打造了一通石碑，以纪念再未回归日本的灵仙法师，就树立在该寺的花园里。圆仁离开金阁寺南行，追寻灵仙和尚的足迹，就像我现在所做的一样。

少军梁村的路

我试图沿着圆仁走过的路走，但我前往少军梁村寻找灵仙法师曾经住过的灵境寺时，不知道自己会找到什么。路在河床上蜿蜒曲折地切入两山之间。我驱车走了21公里，按照常识辨别方向，一路上四处找牧羊人和骑摩托车的人问路。

少军梁村的孩子们

村子少有人来，只有偶尔的香客沿着村后的路去往南台。

灵境村农妇

灵境村位于南台下一条深深的山谷里。我问一位拾柴的农妇："你听说有日本僧人来过这儿吗？"她的乡音很重，一开始我还以为她在说抗战的事，但渐渐明白了，她实际上知道，由于古代的渊源，远处的那座寺庙对日本人有着特殊的意义。最后她说："去求佛祖保佑，再问和尚，那儿有一座新塔！"在她的鼓舞下，我继续前进，不久就看见路边有一座寺院。

灵境村门楼

今天，灵境村仍然有石头围墙围着，要进村必须沿着石头铺就的路穿过这座旧门楼。一位老者领着我从门楼到了灵境寺。

灵境寺僧人

圆仁到达灵境寺时，佛殿已经破败不堪。他伤心地得知灵仙法师已于825年圆寂，而且有可能是被人用毒药害死的。圆仁在墙上发现一首指甲刻上去的称颂灵仙的长诗，作者是一个从渤海地区来的僧人。灵境寺现在的住持法雨法师自1996年起就住在该寺。

阿南史代与山西灵境寺住持

2002年我见到了58岁的法雨法师。他所讲的事情中最有趣的是：灵仙并不是被毒死的。他解释说："首先，杀害僧人是不可饶恕的罪行。其次，我把灵仙法师的尸骨起出、移往日本施主捐建的新塔安葬时亲眼看见，他的骨灰是白色的。如果他是中毒而死，那尸骨就应该是黑的。"言之凿凿。

日本僧人灵仙法师墓

16 圆仁访太原

840.7.4～

圆仁于840年农历七月从五台山赶往太原府，路上继续在日记中详细记录这13天的行程以及他们停留的地方。分辨出他欣赏到的景色，或是经历他经历过的事，是我一路上的乐趣所在。

五台山以南路上的普通院

从五台山南行，一路上有无数这样的普通院，因为这是来自都城长安的香客主要的进香路。从普通院唯一的佛殿上方高高挺立的巨松我可以猜到，这座小寺院有着悠久的历史，千百年来一定有无数香客在此歇脚。我发现这幅以高山为背景的图画是如此动人，便决定不要靠得太近，以免毁了我的想象。圆仁造访过距此不远的圣钟谷——一棵大树的根底形成了一个空洞，可以听见里面的钟声。圆仁是这样描述的："响发之时，山峰振动。"

佛光寺：大殿屋顶

离开五台山的第四天，圆仁的行走路线与佛光寺很接近；这是中国现存最古老的木制建筑之一，建于唐代。圆仁提到了佛光寺，但歇脚是在法华寺，该寺现已不存。望着佛光寺大殿的屋顶，我觉得自己是在欣赏与法华寺一样的建筑：圆仁和三个旅伴在路上更雄伟的寺庙住宿时，一定会对寺中精美的桁梁赞叹不已。

南禅寺

不远处是中国现存最古老的木制建筑南禅寺。建寺年代不详，但我们知道它于782年重建过。管理员收了7元钱，让我进去给莲花座石经幢拍照。他和妻子正在晒黄花菜和黄瓜干。我不禁暗忖，古时吃素的僧人们就是这样在寺院里晒菜干以备过冬的吧。大殿里有17尊精美的唐代泥塑佛像。圆仁没有在此停留真是遗憾，——他太急着赶往长安了。

田野里的黄花菜

黄花菜做素斋非常好吃。

豆店：素凉面

圆仁第五天的日记记得很简单。吃过午饭，他们向西南方向走了二里，在上房普通院过夜。他们到哪里吃饭都是喝粥，通常是小米粥。圆仁不喜欢喝凉粥。有时他们也能吃上咸菜、豆腐和青菜。我不知他们是否吃过我在豆店村吃的这种美味的素凉面。

龙池村：小石桥和毛驴

唐代的路从豆店往南经过许多石桥，比如这座从玉米地中间穿过的小石桥。这个情景就像是圆仁的仆人丁雄满正在牵着毛驴过小桥。这头毛驴是从附近的龙池村借的。问题是全村的人也都来了，跟在毛驴后面。毛驴也很倔，死活不肯过桥。所以，为这张照片取景还真不容易呢！

毛驴过石桥（野雪绘）

龙池

龙池村的龙池（龙王塘）千百年来为人们解渴消暑，供疲惫的路人濯足解乏。水源问题一直是人们迁徙的一个主要考虑因素，道路也要尽量经过泉眼、水井和河流。

尊胜寺：唐代古槐

我惊喜地发现尊胜寺跟圆仁描述的一样，还在忠阳岭上的老位置。我从路上就看到寺里的宝塔，知道自己必须通过勘察找到与唐代可能有关联的所有蛛丝马迹。这株雄伟的古槐很可能欢迎过圆仁，在夏日的暑热中为远来的旅人遮阴。他在日记中解释了该寺的重要性：公元676年，著名的天竺僧人、翻译家佛陀波利曾在这里讲经。

尊胜寺：唐代陀罗尼石经幢

圆仁讲述了这座特别的陀罗尼经幢背后的故事。他写道，宝幢上刻着的这部经叫做《佛顶尊胜陀罗尼经》，是由天竺高僧佛陀波利从梵文译成汉文的。据传说，当年文殊菩萨化身为一老人，令佛陀波利回天竺取来此经到该寺。佛陀波利以额触地拜谢，抬头时老人已不见，始知是文殊现身。尊胜寺即因《佛顶尊胜陀罗尼经》而得名。

巨型佛香

“行香礼佛”作为众多佛寺的法事仪式之一，频繁地出现在圆仁的日记中。我在尊胜寺见到这枝巨香后，终于明白敦煌壁画上的僧人们手里拿着的是什么了。

持香的僧人

画家野雪根据敦煌61窟壁画绘制了这幅画。

圆仁于七月七日的日记中提到，回到大路上后，他们在五台镇地界穿过了五台山南山门的重山门楼。他的描述再次与敦煌壁画相吻合。他继续前行，渡过滹沱河，在南岸的一座寺庙过夜。

古城村：路边古树

沿着圆仁走过的路前行时，我用余光瞥见了什么不寻常的东西，马上停了下来。哦，原来是棵唐代的古榆树，树围甚巨。但不寻常的是，古城村的村民用大红灯笼、镜子和绸带把它打扮起来了。真是俗艳，不过我喜欢！圆仁和尚和弟子们于840年路过此地时它不过是一棵普通的小树，但如今它已成了时光流转的重要见证。

过了古城村，乡村小道便与新修的高速公路汇合了。我几乎不敢相信！不久以前造访灵境寺时，我还处在一个中世纪的村庄里，生活方式也是中世纪的；可紧接着，我就在以每小时100公里的速度驱车飞驰。这种新与旧的并列使时间难以置信地从唐朝一下子跃到了21世纪。圆仁一天能走32公里左右，而我一个下午就可以驾车驶过他12天走的路程。

17 圆仁在太原过盂兰盆节

840.7.13～

山西太原白云寺：古城墙

为了充分感受太原的寺院生活，我还走访了城里其他一些著名寺庙，比如坐落于太原古城墙遗址旁的白云寺。树上垂挂的旗子为它平添了些许节日气氛。

圆仁于七月十三日进入太原城，恰好赶上十五日开始的佛教盛事盂兰盆会——盂兰盆会后来又称“中元节”，与西方的“万灵节”类似。其后的12天里，他和弟子们参加了城里很多寺院举行的节日活动。

其中之一是位于古晋城东侧的崇福寺，那里为盂兰盆会所作的“铺设张列”令他眼花缭乱。今天，寺院原址上空无一物；不过，其大雄宝殿被搬迁到了天龙山风景保护区，成为圣寿寺的大殿。

七月十六日圆仁造访开元寺。该寺的遗迹中以城西蒙山上的连理塔最为著名。圆仁写道，他们“上阁观望。阁内有弥勒佛像，以铁铸造”。铸铁佛像之高大及其案前供品之丰盛，均令他大开眼界。

圆照寺：蜂窝煤堆旁的尼姑

圆仁在太原第一次见到煤，而且完全被其能燃烧、可用来煮饭取暖的特性搞糊涂了。他认为这是上天恩赐的礼物，因为他不能相信这是一种自然现象，宁肯相信有某种精神力量在起作用。我在圆照寺见到一位尼姑在蜂窝煤堆旁打盹；这些煤是为做饭及过冬取暖储备的。

圆仁登上太原城西名为晋山的石山，有了新发现。“遍山有石炭。近远诸州人尽来取烧，修理饭食，极有火势，见乃岩石焦化为炭。人云：‘天火所烧也。’窃惟未必然矣。此乃众生果报所感矣。”

我顺着他走过的路登上晋山，偶遇一家人像圆仁所描述的那样在烧煤做饭。我要给他们照相的请求让他们很是讶异，他们不相信我会从他们寻常的烧煤做饭中发现什么有趣的东西。煤显然曾引起圆仁的注意，所以我也想多看一看。这就是我偷偷溜进太原最大的煤矿、只为匆匆看上一眼的最初动机。

太原：西山煤矿

一路上尘土飞扬，还要和运煤的大卡车争道抢行，我好不容易才驱车到了工厂大门口。我幸运地遇到了71岁的退休工人周先生，他佩戴着一枚工厂的徽章，已经在煤矿工作了50年。我解释说，一个日本僧人1200年前就是在这里第一次见到煤的。由于是星期六，老周就带我们随便转转，还自豪地将煤炭传送带架子上的标语“共产党万岁”指给我看。他说煤矿每年生产100万吨优质煤。一个巡逻员开始盘问我们，于是老周说我们得马上离开了。他似乎理解了我追寻历史的愿望，但那个巡逻员理解吗？

圆仁于840年七月二十六日经过石门寺，并且在日记中讲述了这个故事。山门有个小寺叫石门寺，寺中一僧长年诵念《法华经》。他“感得舍利见”，于是全城的人都来施舍供养。据说得舍利的经过是这样的：这位僧人循着三道光明来到悬崖上，掘开地面，得到三瓶佛舍利。这座寺庙最有名的是女皇武则天敕令凿刻的石板《华严经》。我后来才知道，这里所说的石经就是我在太原以南的晋祠拍过照片的那些石经，是为了更加妥善地保护从这里移过去的。

晋祠博物馆：《华严经》

这些石经是女皇武则天赠予的礼物；她是个支持佛教信仰的伟大人物，曾于699年命人将《华严经》译成汉文。石经刻于704年，是中国最古老的《华严经》版本，根据的是女皇于龙山童子寺发现的《华严经》抄本。太原周边地区对于唐朝宗室非常重要，因为这里是他们的发祥地。找到这些保存如此完好的珍宝令我感叹石头的耐久力，也感谢石头帮助我们了解历史。

photo by Liang Zhijun

我追寻着圆仁的足迹向龙山前行，希望找到他曾借宿的童子寺遗址。龙山风景区在太原西南20公里。当地有俗话说龙山是“前道后佛”。我到过太原五次以上，但没有任何向导提起过那里的佛教遗迹。那是非常闷热的一天，我缓慢地爬上山坡。最后70级台阶很陡，但我终于到了山顶。上面有一株千年古柏，旁边是一座道观和一些洞窟。

作者寻访当地历史

我掏了两块钱给文物局的职员李先生作为门票。他很好奇我怎么会来找童子寺，我则困惑于他为什么觉得那很奇怪。我马上知道了原委：该寺几年前才刚刚被发掘，而一个外国人怎么会知道这个佛教遗址，却对那些更为著名的道教洞窟不感兴趣呢？我给他讲了圆仁的日记。李先生于是把他电脑里的照片给我看，帮我确定在发掘的废墟间找些什么：哪些是北齐的，哪些是唐代的。看照片时我的心怦怦狂跳。我已经迫不及待前往瞻拜那实实在在的遗址，好像去开启一个时代文化密藏器。

龙山：童子寺遗址

我沿着山梁赶路，然后顺着数百年前开凿的石阶下行。下石阶时，我看到山好像被切掉了一块，一堆巨石就孤零零地立在那儿。这就是李先生说起的无头巨佛吗？我从未想过在这隐蔽的山腰，还会有童子寺的残砖断瓦依然保留着唐代的形态。

圆仁在日记中写下自己如何见到了满是大佛像的两重楼殿。如今，看看遗址就知道这是座规模宏大的寺院，有室外的大佛像，有大殿，有石窟。很容易想见古代周遭的环境。

童子寺：摩崖石刻

据圆仁日记记载，他通过读石碑了解了该寺公元556年建寺的历史："昔冀州礼禅师来此山住，忽见五色光明云从地上空而遍照。其光明云中有四童子坐青莲座游戏，响动大地，岩巘颓落。岸上崩处，有弥陀佛像出现。"因为这段奇遇，禅师将寺庙命名为童子寺。

本地区的石头很软，经不起风雨，所以这里六个佛窟中的石刻几乎都风蚀殆尽。本图显示的是悬崖表面上刻着的许多小佛像和一尊菩萨像的残余部分。

童子寺：佛龛

这些唐代佛像依然保留着当时圣地的风格。其他废墟遗址还出土有残破的陀罗尼经幢和雕有蟠龙的石柱。圆仁写道，玄奘法师的弟子慈恩大师就在这里设坛，第一次阐述了他的"唯识论"。（慈恩大师即窥基，632—682，因常住长安慈恩寺，故称慈恩大师；创立了法相宗，现日本奈良的药师寺仍有其信徒。）

童子寺遗址：石柱

我花了很多工夫判断这些古怪的石柱是作什么用的。是石碑或房屋的石柱吗？后来才知道它们原来是"龙骨"，是制作特大泥塑佛像时在佛像体内起支撑作用的支柱。圆仁说，他看到一尊趺坐阿弥陀佛像，"趺座之体高十七丈，阔百尺。"

童子寺这一部分的设计是清晰可辨的。该寺立于凿刻有佛像的巨崖之前，巨石堆成的大石柱显然是巨佛的一部分，两侧各胁立一菩萨，也与圆仁所记相符。这些未经加工雕琢的天然形态的巨石柱就是大佛像的主体支架，我几乎可以透过它们看到已塑成的佛像和菩萨像。

赖肖尔教授将圆仁日记中这些词句翻译成英语的同时，还加了一条注解："从规模尺寸上考量，这些佛像应在崖壁之外。"赖肖尔从未见过童子寺，但他对崖壁的判断是正确的。

这就好像考古学家们发掘出了一切，整齐地摆在那里给我看，一切都是专为这次造访准备的。另一件事情也清楚了，龙山背后还有一条上山的路。我不知道有这条路，只好汗流浃背地徒步攀登了好长一段；到山顶一看有小汽车停放着，真的无语了。不过，这艰苦的攀登帮我多少体会了一点圆仁巡礼途中所经历的挑战与艰辛。

18 圆仁沿汾河前行

840.7.27～

圆仁师徒精神抖擞地走过山西南部。为了搞清楚他们的行进路线，我不得不求助于一本详尽的山西省地图册，并拿来与唐代历史地图相对比。令人惊奇的是，圆仁日记里提到的大多数地名我都找到了，从而能够轻易画出一条路线来。

过了太原城，圆仁的足迹转向西南。840年七月二十七日，他们在雨花寺（现属晋祠）吃午饭，然后上路，过清徐县。

山西清徐：老陈醋招牌

圆仁在这一地区走过的路现在是一条现代化的高速公路，路旁立着许多广告招牌，比如这块著名的山西老陈醋广告。因为汾河的水好，所以山西的醋也好；当地的汾酒、汾砚同样闻名于世。

汾河

圆仁师徒于八月一日到达汾阳，在法律寺受到款待。这是他第一次提到汾河；以后他在山西南部的旅程主要是沿着这条河走。我曾多次渡过汾河，每一次都猜想他是否曾同样近距离观看这流动的河水。

寻找住处

当时民间的习俗是向过往僧人提供饭食和住处，但并不是每一家、每一寺都那样热情好客。圆仁常常记上两笔，评论一下每个主人的品性："主人周匝。""主人心平。"有时也有负面评价："主人粗贼。""院主不解主客之礼。"

他们于七日夜里到达晋州（今临汾），宿于市西普通院。他们沿着汾河继续南行，到了今侯马以西，又随着汾河转而向西。他十日的日记写道：“早发，西行卅里，稷山县断中。从县山望见稷山。去县十五里地，黄（蝗）虫满路。”

山西稷山

圆仁行至稷山以西时写道：“黄虫满路，吃粟谷尽……无地下脚。”图中的路正是当年圆仁“无地下脚”的那条路，但现在道路两旁麦子长势喜人，玉米硕壮，干草垛码得整整齐齐。我走进一户农家，问他们唐代闹蝗灾的事。他们什么都不知道，但还是给我端茶，跟我聊天。

蝗灾

圆仁日记有多处提到蝗灾，对当地普通百姓生活的艰辛感同身受。

（野雪绘）

龙门峡渔夫

十日夜，圆仁在龙门住宿，但当时根本无法在那里渡过黄河。河水于深深的峡谷中积蓄了能量，在此处咆哮而出，涌入平原地带，汹涌的激流和莫测的漩涡造就了一个危险的渡口。而今天，座座大坝控制住了湍流，甚至一个渔夫也可以在河滩上涉水捕鱼。不过，圆仁当时可是求助无门，只好仍旧沿着汾河蜿蜒南行，寻机横渡黄河。

山西永济：唐代蒲津关黄河渡口遗址

1989年，蒲州唐代古城遗址附近出土了一些令人称奇的铁人、铁柱、铁牛、铁山，它们是用来固定横渡黄河的浮桥的。其中的铁牛高七八米，重约40吨。圆仁说浮桥“阔二百步许”。

近观铁牛 ►

据推测，唐朝政府集中了全国各地的铁打造这些庞大的铁雕、铁柱，安置于黄河东西两岸，固定浮桥。它们印证了唐代中国的强大和富裕。

“十一日　斋后，西南行十六里，到新桥渡。渡汾河。”今天的河津汾河大桥建于1978年。桥下河水有如小溪一般平缓流过，情景颇有几分英格兰乡村的味道。道路上了黄土高坡，这里沟壑深深，有一座佛塔茕茕孑立。圆仁一行在今荣河过夜。

“十三日　……斋后，南行卅五里，到河中节度府。黄河从城西边向南流。……从北入舜西门出，侧有蒲津关。到关得勘入，便渡黄河。”河中指的是今天的永济。他们从那里到了蒲津关，于八月十三日渡河成功。

photo by Liang Zhijun

渡船标志

蒲津渡口不再有浮桥，仅有渡船在做广告招徕客人。

作者和蒲津渡口铁人

我漫步在这些造丁1200年前的不可思议的铁人中间。他们威风凛凛，面部表情生动，身体强健。

黄河蒲津渡口

圆仁在蒲津渡口横渡黄河后，便走上了前往长安巡礼的最后一程。我到此地时夕阳已西沉，但余晖仍将宽阔的水面和对岸点染成一幅壮丽的图景。夕阳掠过河水，在水面上映出一条金灿灿的道路。圆仁在日记中说，他们到了对岸（今陕西省）后，决定在朝邑休整一天。关于因疲惫而休息的记载在圆仁日记中是很少见到的。

圆仁师徒从此地一路西行至高陵以北，然后转而向南，朝都城长安进发。就在这个转折点的大路上，他们遇到了一支由官员、民夫和士兵组成的长长的队伍，这些人刚刚建完驾崩的文宗皇帝的陵墓。圆仁对队伍之长、人数之众大感震惊。“十九日　……于县南头见山陵使回入京城。是葬开成天子使。营幕军兵陈列五里。军兵在大路两边对立，不妨百姓人马车从中路过。”

陕西西安高陵区：崇文塔

一个秋日的午后，我走在古老的延安路上，想找到圆仁观看建陵队伍的地点。这条路被拓宽了，但很少有人在上面跑长途，因为附近新建了高速公路。我敢肯定他就是在这里看着建陵队伍通过的。为抄近路，我选择了一条向东边岔开的土路。高陵第一中学校园内13层的崇文砖塔可能就是圆仁路过时周遭风景的一部分。学生们正在涌进校园，争取在星期日晚6点返校时间之前赶回宿舍。这也是一支队伍。

陕西：渭河桥

渭河自西向东流过，最终汇入黄河。新建的渭河桥在许多个地点跨过黄河，但这座桥应该才是圆仁走的那座。他们过桥后"南行五里，到三家店，佛寺宿"。我同样是在晚上过了桥。我注意到车辆行人很少，而且桥下水位很低。

这几个日本僧人匆匆赶路，在正午时分到了灞河边。八月二十日，他们在大唐都城长安的春明门外过夜。他们终于抵达了目的地。

19 圆仁在长安之一：学习经文和仪轨

840.8.22～

圆仁师徒进长安

圆仁于840年八月二十二日抵达大唐都城长安，是从春明门进的城。春明门的位置就在今天的西安理工大学学生娱乐中心前面。我看着学生们在课间匆匆来去，不禁想，他们中间有多少人知道，他们就行走在这充满历史的地面上：长安，大唐的名城，当时世界上最大的城市，人口几乎达到100万，而这里就是它的一个主要的进出通道。

（野雪绘）

唐代长安城区图

圆仁在都城一待就是五年。这座围有城墙的城市，街区呈网格状铺开，大明宫则向北边伸出。枥木县立博物馆的千田先生绘制的这幅地图，标明了圆仁日记中提到过的地方。粗粗一看就会得知，圆仁相当积极地参加这座城市的各种佛教活动。他的很多记载都让我们感受到佛寺的力量之强，谁料到几年后他见证的竟是佛教遭到彻底的迫害。过去的25年里，我兴趣盎然地关注着今日的西安如何重建它的遗产。

陕西西安：资圣寺遗址

圆仁在都城实际上居住了五年的寺院是资圣寺。这是左街功德巡院给安排的，它拥有管理长安东城各寺庙的权限。（"左"的意思是皇帝的左侧：皇帝坐北朝南，他的左侧就是东方。）该寺处于长安城的中心地带，圆仁从这里到各寺去很方便。寺址现在是个住宅区，狭窄的民居挤在明代的建国门旁。我看见孩子们在玩纸牌，女人们在洗衣服，而这里就是当年圆仁睡觉的地方！圆仁是这样写的："夜，系念毗沙门（四天王之一），誓愿乞示知法人。"

当年，佛教各宗各派的区分没那么严格，于是圆仁得以在所谓的"长安七大寺"——不幸的是，这七大寺中的好几座在845年的劫难中被夷为平地——向许多大师学习，其中尤其重要的是他在大兴善寺和青龙寺对密宗的学习研究。

大兴善寺住持界明法师

现任住持界明法师告诉我，他知道得很清楚，圆仁学习了好几种著名的曼荼罗，特别是金刚界曼荼罗。然后他带我参观一通标志着圆仁曾经居住的地点的石碑，并且告诉我新的双阁正在兴建。双阁建在寺院西侧的一座土堆上，两座阁楼象征中国和日本的法缘和友谊。

大兴善寺：石碑

这是一通刻有兴善寺全图的石碑。圆仁法师当年就在寺院东北部的一个地方学习。

陕西西安：大兴善寺山门

圆仁师徒初到长安，先去了大兴善寺。这是中国最早最重要的寺庙之一，也是中国佛教密宗的发源地——密宗最初是由两名印度高僧直接传到这里的。大兴善寺的山门至今仍保留着唐代风格。我一进山门，就有一名寺僧带我去见住持。

青龙寺：唐代风格的屋顶

长安城东部的一块高地上坐落着著名的青龙寺，日本真言宗著名高僧空海法师804年至806年曾在这里学习和居住。最近该寺按照唐代风格重建了。圆仁在这里跟从几位有名的大德高僧学习胎藏界曼荼罗，同时向该寺一位著名的印度学者学习梵文和哲学。圆仁在日记中记载了自己受城中有名的画师委托，临摹佛教绘画和曼荼罗画像的事。

坐禅

我在兴教寺看到这个僧人，联想到了圆仁居留长安期间的坐禅和祈祷。841年五月三日，圆仁在青龙寺接受特别的"灌顶抛花"仪式。在仪式上，灌顶受法者向曼荼罗掷花，花落在哪位菩萨身上，哪位就是受法者的"本命星"、保护神。回到日本后，圆仁在比睿山上也建了一座佛殿，举行同样的仪式。

20 圆仁在长安之二：大都会中的法事

841.1.1～

陕西西安：大雁塔

新年时皇帝下旨，要各个寺院用一个月的时间举办佛法讲座；圆仁就曾出席过一次《法华经》讲法。都城里还举办了礼拜佛舍利的法事活动。圆仁在大慈恩寺接受了"传法灌顶"——一种传授密宗功法的资格认证——，"以五瓶水灌于顶上"。他认为这一天很吉祥，就高兴地登上了大雁塔顶层。

纪念玄奘法师的法事活动

在大慈恩寺为纪念唐代伟大的僧侣、旅行家玄奘法师而举行的密宗仪式上，一位僧人按照唐朝时候的规矩躬背屈膝（一种密宗手势），奉上一小杯圣水。圆仁应该也曾在这位导师的像前躬身礼拜。玄奘的佛经译本为日本佛教奠定了重要基础。圆仁在长安要做的另一件事，就是尽可能搜集、抄写最新翻译的经文，比如大慈恩寺收藏的大量经文。

【十一月】一日 冬至節，篲星出現。數日之後，漸漸長大，官家仰諸寺轉經。

大慈恩寺：中日僧人友好相聚

增勤法师率大慈恩寺两位僧人欢迎日本奈良药师寺管主安田暎胤长老及山田法胤、村上太胤一行。他们于2002年相聚在大雁塔前，庆祝中日关系正常化30周年，并共同商议如何继承玄奘大师的伟大遗产。这些法事活动也延续了中日两国佛教界友好交往的悠久传统。

小雁塔

我是1983年第一次见到这座历经风雨的宝塔的，当时塔旁的土路上还有一堆堆的干草在晾晒。2002年，我从所住的宾馆第二次给它拍照，它似乎已经淹没在这现代化的城市里了。据圆仁说，皇帝在新年的时候下旨给长安七大寺，要它们举办一个月的讲法活动，同时举办供养活动及敬拜佛牙舍利的仪式。当时长安有四颗佛牙舍利。他还解释了许多舍利如何从印度、和阗和西藏沿着丝绸之路到了长安。以寺中小雁塔闻名的荐福寺就是圆仁敬拜佛牙舍利的地方。

圆仁841年二月的日记：“百种药食，珍妙果花，众香严备，供养佛牙……举城赴来，礼拜供养……向佛牙楼散钱如雨。求法僧等十日往彼随喜，登佛牙楼上，亲见佛牙，顶戴礼拜。”

兴教寺：唐三藏塔

85岁的常明法师负责管理这座存有玄奘大师舍利的佛塔的供品。舍利供养仪式让人想起圆仁的日记："百种药食，珍妙果花，众香严备。"

今天在中国，公认的一颗佛祖灵牙保存在北京灵光寺专门兴建的舍利塔中。灵牙在灭佛行动中流落他处，直到公元10世纪才最终在此落户：先用沉香木盒盛装，再封于石函之中。我曾爬上舍利塔，凝视这枚装在金质小佛塔中的7厘米长的臼齿。后来我加入一个随喜团，按照旧时传统绕塔巡行；这和圆仁当年在长安参加的佛牙舍利礼拜供养仪式一般无二。

唐天坛遗址

841年伊始，皇帝照例率领众人前往天坛祭祀。今天的天坛遗址是一个芳草如茵的小丘，旁边是西安师范大学校园北部的一个篮球场。很难相信有十多位皇帝来过这里主持国家祭典。圆仁841年正月八日的日记写道：“诸卫及左右军廿万众相随。”我给两个打篮球的人拍了几张照片。

唐明德门遗址

明德门是唐代长安城的南大门。圆仁日记也曾提到，皇上出入此门时声势浩大，仪仗庄严。明德门遗址现在一个市场后面，比别处略高一点，上面摆了17张台球桌，是人们晚上娱乐、消夏的好去处。我试着想象圆仁见此情景会作何感想，于是上了附近一座公寓的楼顶。从这个有利地点我可以越过市场向东望，看见一大片空地，现在是公共用地。毫无疑问，其宽度恰巧就是唐代城墙的宽度。

不仅是朝圣者和来自亚洲其他地方的佛教大师到长安来，远至罗马的商人也来这里做生意。丝绸之路的文化甚至影响了都城的主流生活，使其具有某种异国情调。长安的贵妇们纷纷追逐西域和印度的时尚。不过，外来影响在设计图案和食物中表现得最明显。

西安：清真寺唐代雕花柱础

清真寺的柱础雕刻是唐代的遗产。圆圆的小突起代表珍珠，是波斯风格的；葡萄藤、叶子及花朵纹样都带有丝绸之路的烙印。这只不过是一些唐朝受外来文化影响的例子。一进清真寺，气氛霎时凝止：我当真领略了唐代长安生活的精髓。

明德门遗址：西瓜摊

各式各样的食品同样从西方传入长安，比如桃、杏和荷花。西瓜之所以叫西瓜，恐怕也是因为来自波斯吧。圆仁在841年五月的一则日记里记载了吃西瓜的事："吃瓜，美熟。"

圆仁平时的食物是粥和青菜，不过在特别的日子也能吃到饺子和水果。有一次他们得到了胡饼（芝麻烧饼），是御赐的礼物。

西安：回民厨师

甚至今日西安的某些地区还保留着异族特征。吴志兴先生是一家清真餐馆的老板，牛肉丸糊辣汤是他们家代代相传的招牌风味小吃。从隔壁店里买一个死面的馍，再就上一碗浓浓的糊辣汤，真是一顿妙不可言的早餐。还挺便宜，六块钱能买五碗！

唐代的长安在鼎盛时期迎来了很多外来的宗教，比如摩尼教、景教、拜火教和伊斯兰教。但是，武宗皇帝对如此之多的外来事物愈发感到不安，便开始下旨限制所有外来宗教，包括佛教。一场大悲剧就要上演了。

21 圆仁在长安之三：灭佛

841.6.11～

圆仁的日记让我们对842年至845年间武宗皇帝下旨施行的灭佛运动有了近距离的观察。更喜欢道教的武宗到处发表意见，开始表现出对僧人的轻视。然后就是对佛教法事的大规模削减以及后来对宗教信仰的直接迫害。这段悲惨的历史只有在这个外国僧人的日记中得到了详尽的描述，他通过自己的视角观照这些灭佛事件。

他最初注意到的武宗皇帝态度的改变，表现在记录麟德殿谈经的片段中。皇宫位于都城北部，麟德殿就在其中，是外国使团向朝廷官员递交国书、上呈贡品的地方，也是道教人士和佛教人士进行宗教辩论的场所。辩论获胜者要赐以象征宗教人士最高地位的紫色绶带，但往往只有道士才会被“赐紫”，而僧人总是空手而归，这成了佛教即将受到压制和打击的一个信号。

皇帝明显支持本土的道教，而排斥所有外来宗教。圆仁记载道：

“（841年）〔六月〕十一日　今上降诞日。内里设斋，两街供养大德及道士集谈经。四对论议。二个道士赐紫，释门大德总不得着。”这是排佛在即的信号，不久，在整个帝国之内限制僧尼活动的圣旨便一道接一道地降下了。

西安：麟德殿遗址柱础

麟德殿遗址位于龙首南路。在长满荒草的小丘上漫步于柱础中间，你可以设想外国使节和运送贡品的人受到朝廷官员接待的情景，甚至想象道士和僧人聚集在一起就各自宗教的法力进行辩论的画面。

西安师范大学的胡戟教授在麟德殿遗址旁向我解释了排佛灭佛的多种成因。从圆仁日记可以清楚地看出，武宗皇帝迷恋道家的法术，渴求长生不老之药，周围总是聚集着一些道士；但他持反对佛教的立场又不仅仅因为他偏好道教。经济因素同样存在，比如寺庙占有土地及避税数目的增加。从社会的角度看，佛家僧众都呈现出某种非儒家面貌，因为他们没有家庭，也就不讲孝道。许多知识分子依然将佛家修行视作迷信活动。

另外一个因素是，僧侣在政治上变得过于强势，而道教人士也急于扩大自己的权力范围。此外，这是一个排外主义的风潮盛行的时代，唐朝与西域的战争在其中起到特别的作用。当然，朝廷内的派系斗争也使紧张局势加剧。一个被认为更有说服力的理论是，武宗皇帝实际上正在寻找一个敌人——据传闻，此人匿迹于僧人中间——，而通过让僧尼还俗，武宗可以将对手彻底铲除。

陕西省博物馆：唐乾陵章怀太子墓壁画《客使图》

这幅唐代壁画表现了外国使节和僧侣上朝觐见皇帝的情景。839年二月二十七日圆仁曾在日记中记载，他听一个同行的僧人说起日本官员进长安皇宫的事情："会集诸蕃总五国，南照国第一立，日本国第二。自余皆王子，不着冠，其形体屈丑，着皮毡等。"我们很容易猜测，这幅壁画表现的就是圆仁提到的那次觐见。然而仔细看一看，排第二位、头饰上有羽毛的使节可能是朝鲜半岛的代表。

圆仁日记中有许多处间接提到大内皇宫（大明宫）。他写道："天子在御楼，册尊号。诸司军兵马排队楼前。百寮、僧门、道士班列。"（842年四月二十三日）"上德阳日。大内降诞斋。"（842年六月十一日）圆仁提到了在皇宫内的露天庭院举行的一个道教仪式，这就是"九天道场"。道士们垒起许多张床，象征八方及中央。圆仁还记载，就在皇帝敕令焚烧佛经、掩埋佛像的时候，大明宫内多处起火。

西安：大明宫遗址

大唐皇帝及其朝廷的权力就从皇家居住的大明宫向外辐射。千百年过去，它成了废墟，但最近宫殿基址由联合国教科文组织修复，并且得到日本政府的资金支持。2003年11月，我出席了在多层台阶的基址上举行的开幕式。学者、游客和官员们站在上面，像皇帝那样面朝南方，下面是舞蹈演员和学校学生在表演。在那个寒冷的秋日，我试图想象圆仁时代这里的情景，就在民间舞蹈演员跳舞的地方，部队排列整饬，文武百官肃立。

西安兴教寺：孤独的和尚

第一道限制僧尼行动的敕令于842年三月三日下达，禁止寺院收留没有长期户口的游方和尚，禁止男孩成为沙弥。五月，长安的所有外国僧人都要接受检查。十月，所有"不修戒行"的僧尼被勒令还俗。所谓"不修戒行"，包括身上有乌文（黥面）、会咒术、当过逃兵、养妻子等。随后是对寺院的严厉搜查。长安的生活变得越来越危险，特别是对外国僧人来说。本图形象地反映了圆仁当时所感受到的孤独无助。

不久寺院接到敕令："不放出僧尼，长闭寺门。"然后是843年正月的最后一击："僧尼入条流内并令还俗。"圆仁挂单的资圣寺"卅七人"被解除僧职。几个星期之后，圆仁和本区内的其他20名外国僧人被召到左神策军军容衙院接受盘问。

圆仁日记中甚至有一则提到了与西域回鹘国的战争。843年四月，圆仁写道，朝廷下令杀天下摩尼师——摩尼教士在回鹘颇受推崇。于是圆仁后面写的日记有点战战兢兢的味道，有几则说到了前面潜藏的凶兆。至此日记第三卷终。

圆仁的弟子惟晓久病之后于843年七月去世是一件特别令人悲伤的事。他葬于城门外资圣寺瓦窑北角地，大家还为他修三七斋、五七斋、七七斋、百日斋，以示纪念。

844年三月，皇帝下旨，不准供养佛牙舍利，去佛教圣地进香巡礼亦遭禁止。圆仁马上写道："今上偏信道教，憎嫉佛法。"他说到寺院遭受破坏，甚至盂兰盆会上的供养也被撤走，拿去道观供放。圆仁整个844年的日记记录了排佛的不断升级，还提到，各州府的寺院都遭到毁坏，石幢和僧人墓碑也未能幸免。

845年四月的敕令非常明确，绝大多数僧尼都要还俗。五月十二日，圆仁和其他外国僧人也被要求还俗。他已经决定还俗离开那里；帝国之内所有僧侣的生活已天翻地覆。一俟得到通关文牒，他便不再耽搁，连忙收拾自己抄写的经卷和摹写的画像。五月十五日，在灭佛的一片混乱之中，他和弟子、仆人匆匆离开了长安。

圆仁一行离开长安

圆仁蓄起了头发，将僧袍叠成紧紧的一条带子系于胸前。（回日本后他回忆说，这一刻，他只有那条窄窄的带子了；但他意识到，只要这象征僧侣身分的僧袍还在，他就能克服一切困难。他的信徒直至今天还常在僧袍外面加一条窄窄的带子，称之为"轮袈裟"。）他买了三头驴，将他冒险带出来的所有东西都驮在了驴背上。"心不忧还俗，只忧所写圣教不得随身将行。又敕切断佛教，恐在路诸州府检勘得实，科违敕之罪。"（845年五月）

（野雪绘）

古灞河桥遗址

唐代的时候，长安东门的灞河桥是一座精美的石桥，据说历史可追溯至汉代，堪称中国最古老的石桥。我稍作寻找，就在一棵弯弯曲曲的柳树旁发现了石桥的位置，不过古桥已经淹没在河底了。它就在有着100年历史的公路桥的上游。

五年以前，圆仁作为一个心情急迫、决定向大德高僧学习佛法的巡礼者跨过灞河桥，进入长安城。但到他845年离开长安过桥时，他不过是一介逃亡的平民，不再可以显露自己的出家人身分。然而，有很多朋友——包括两位前寺院住持和一位政府官员——勇敢地前来送行，并赠给他路上需用的东西。

22 圆仁避难

845.5.15～

圆仁身着俗家百姓的衣服继续赶路。对于一个还俗的僧人来说，这显然是一段艰难时日。他在日记中详细记录了那些打击宗教信仰、强迫僧尼还俗的敕令，对佛家僧众所遭受灭顶之灾的关心远甚于对一己安危的担忧。从此时起，他的旅行只有一个单纯的目的：觅船归国。

山东济南：灵岩寺辟支塔石雕

灵岩寺塔建于唐代，塔上有浮雕，表现的是一个和尚和两个仆人带着一头驴行路。这就好像845年五月十五日正在赶路的圆仁一行。因为弟子惟晓已在长安病逝，所以他们现在只有三个人了。我觉得此形象无比贴切，便拿来设计了本书的圆仁标志。

河南：洛阳老城

杨敬之修书让圆仁去投奔的人之一是东都洛阳（亦称河南府，是河南府府治所在）的崔太傅。那是845年六月一日，太傅派人来"传语安存"。洛阳老城保存下来的部分极少，不过在萨拉门附近的街道中还能感受到一些历史的氛围。

圆仁师徒离开长安的时候，至少还有几个重要人物甘做他的支持者。一位是大理寺卿杨敬之，他为圆仁写了一些旅行介绍信，这对处于风雨飘摇中的日本僧人来说简直太重要了。圆仁记录了他的话："但将此书通入，的有所益者。"另一位是左神策军押衙李元佐，有新罗血统，是虔诚的佛教信徒，圆仁在长安居留时与其结下友谊。李和外甥"来去与买毡帽等"，并送给圆仁绫布、檀香木、《金刚经》卷轴、铜钱，甚至还有一双软鞋。圆仁以自己所穿袈裟回赠。圆仁的第三位资助者是职方郎中杨鲁士，他赠送了现钱、路绢和介绍信。

《钦定全唐诗》中收有圆仁的朋友栖白和尚的一首诗，系为送圆仁归国所作。今抄录如下：

送圆仁三藏归本国

家山临晚日，海路信归桡。
树灭浑无岸，风生只有潮。
岁穷程未尽，天末国仍遥。
已入闽王梦，香花境外邀。

郑州：圆仁受到辛文昱的迎接

三天后圆仁到达郑州，投书去见郑州长史辛文昱。辛文昱邀请圆仁到家里用斋，送他礼品，并温言鼓励。作为三品命官、地方大员，他在官方大肆排佛灭佛的时刻还敢于这样做，实在是勇气可嘉。

（野雪绘）

还是在那天下午，他们分手后，圆仁出城已15里，却惊奇地发现，辛文昱又骑马追了上来。他们在路边的土店里又喝茶畅谈，很久才分手。临别，辛文昱鼓励圆仁道："此国佛法即无也。佛法东流，自古所言。愿和上努力，早达本国，弘传佛法。弟子多幸，顶谒多时。今日已别，今生中应难得相见。和上成佛之时，愿不舍弟子。"考虑到当时排佛运动遍及全国的大环境以及圆仁困窘万端的心绪，这样的情节堪称圆仁日记中最动人的篇章之一。这也是圆仁入唐以来最重要的一次与人在人性层面上的互动，二人的相互尊重和信任在其间得到充分的展现。

河南陈留：新汴河

辛长史的声音仍在圆仁的耳边回响，这更坚定了他前行的信心和决心：他一定要把所学的佛学知识带回日本。圆仁决定乘船，这样会更快些。他找到客船的地方现在还叫陈留村，就在开封东南20公里处。他提到的汴河亦称惠济河。黄昏时分，农民们沐浴着太阳的余晖从田间归来。很难想象这里曾是一个繁忙无比的河运码头。

这次圆仁想得到好心人的帮助就困难多了。他们已经不是和尚，人们也就不会再把食物施舍给他们了。他写道："汴州已来，傍河路次人心急恶不善，能似所吃汴河水之急流浑浊也。"

安徽：新汴河上的旧船

这条旧船会给人以关于唐代河运的直观印象。圆仁希望利用这一地区的运河和河道系统回到扬州，看看在那里能不能等到有船去日本的消息。让他意想不到的是，他还要等上两年时间才找到渡海回日本的船。

【六月】廿二日　到泗州。州管在徐泗節度府。泗州普光王寺是天下著名之處，今者莊園、錢物、奴婢盡被官家收撿。寺裏寂寥，無人來往。州司准敕欲擬毀拆。

安徽蒙城：唐代风格的万佛塔

一路上，圆仁亲眼目睹了大量佛寺、尼庵遭到的严重破坏。大多数僧尼被迫还俗，寺庙或是空空如也，或是完全被拆毁。一个地区只允许保留一座寺庙。圆仁也提到，幽州地区（今北京）和黄河以北的其他三个地方没有迫害佛教徒。当地的官员这样答复朝廷：皇上自己要来拆毁、焚烧寺庙就来吧，我们可不能这样做。

因为赖肖尔教授认为圆仁还曾乘船在涡河上走过一段，我便绕道在河道附近考察了一下唐代的遗迹。这座佛塔对我来说恰好代表了每个地区幸存的唯一一座寺院。涡河最终汇入淮河，但我觉得圆仁的水上航行很可能一直是在汴河上进行的，直至江苏境内。

安徽：宿州旧城区

宿州是位于新汴河与沱河交汇处的一座古城。站在宿州旧城区的废墟中间，让人不禁回想起圆仁路过这个地区时对寺院建筑的描述。不过，尽管寺院被毁，佛教信徒们后来仍然聚集在这里上香。

安徽灵璧：新汴河

安徽北部灵璧的新汴河河堤上，一个小男孩等着奶奶一起把羊群赶回家。我想象着圆仁师徒一面顺着水道前行，一面不断地听说皇帝又下了什么古怪的敕令……有的敕令禁止使用独轮车，因为独轮车容易辗坏道路的中心，象征着毁坏“道心”。有的敕令禁止黑色，不许穿黑衣服，要捕杀黑色的动物，因为黑色是僧袍的颜色，皇帝恐怕黑色盖过皇家专用的黄色。

去往泗洪的道路

圆仁一定路过了今江苏泗洪，然后抵达盱眙（原泗州），白水河的终点。唐代，舟船要在这里改变路线，进入淮河。我到了这里不久就得知，现在的盱眙以小龙虾闻名；进盱眙镇的公路两旁立着许多洪泽湖小龙虾的广告牌。对于我这个吃小龙虾长大的路易斯安那女子来说，能在这里享用一顿小龙虾大餐，真是不寻常的待遇！

不过，当年圆仁的经历可就没那么愉快了："泗州普光王寺是天下著名之处，今者庄园、钱物、奴婢尽被官家收捡。寺里寂寥，无人来往。……本意拟从此到楚州，觅船过海。县家对：'递向扬州去。'"

圆仁师徒又上路了，赶往扬州。那是他们七年前与遣唐使团一起初抵中国时住了好一阵子的地方。

23 圆仁觅船归国

845.6.28～

从泗州到扬州花了圆仁师徒大约五天时间。在扬州，他们“见城里僧尼正裹头，递归本贯”。（845年六月二十八日）圆仁立即离开扬州，“用物（即行贿）请往楚州……经高邮、宝应两县。”

江苏宝应：大运河渡口

宝应在楚州以南，圆仁839年初抵中国时曾在此过夜。他845年急急忙忙去楚州时一定又从此经过。我去那里寻找圆仁日记提到过的山阳。山阳当年是个小镇，但现在只是一个水道包围中的小村子。我乘坐渡轮过了大运河；漫天晚霞赋予了此景某种超越时间的特质。

宝应：运河船夫

这位船夫稳稳地驾驶着渡轮，似乎同样扮演了在船舵上延续历史的角色。

圆仁师徒在船上

这幅画画的是圆仁过运河的样子。灭佛运动正值顶峰，圆仁不得不小心赶路，还戴着头巾作为伪装。

（野雪绘）

江苏淮安：唐代楚州新罗社区遗址

本地官员反对圆仁留在楚州，但曾经于839年圆仁初访此处时给予帮助的新罗翻译刘慎言劝说他们同意圆仁住在他家，等休息好了再走。他还冒着相当大的危险将圆仁收集的佛像和佛经都藏在自己家中。位于周恩来纪念馆北侧的这个居民区就是唐代新罗社区所在地，是圆仁845年和847年滞留此地时的避风港。

山东莒州：浮来山定林寺，中国最古老的银杏树

从845年七月二十日起，圆仁一行走了两个星期，穿过山东中部崎岖不平的山地。他们不仅得不到任何帮助，还发现莒州地区的人很不友好，正如圆仁所描述的，"人心粗恶"。他没有提起莒州定林寺那棵有4000年历史的大银杏树，也许是因为那时定林寺被敕令查封了吧。今天，这棵树作为中国最古老的银杏树而天下闻名。我来此寺是3月中旬，站在它那庄严雄伟的枝杈下面，有凛冽寒风吹过，很难为它拍照。我敬佩它的耐久力。

圆仁继续前行，穿过一些不毛之地，并且注意到各地僧尼处境很糟，“艰穷至甚”。我按照他在这一地区的行程图行走，发现这条路线通过的地段非常难走。圆仁这样写道：“草木高深，希逢人。终日上山入谷，蹋泥水，辛苦无极。”“蚊虻如雨。”“涩吞不入，吃即胸痛。”这真是最折磨人的考验。

与此同时皇帝继续颁布他无情的敕令，而这只会让日本求法僧的艰难处境雪上加霜。845年八月的敕令包含了一些统计数字：

“八月，制：其天下所拆寺四千六百余所，还俗僧尼二十六万五百人，收充两税户，拆招提、兰若四万余所，收膏腴上田数千万顷，收奴婢为两税户十五万人。隶僧尼属主客，显明外国之教。勒大秦穆护、祆三千余人还俗，不杂中华之风。”

选自《旧唐书·武宗本纪》

山东青州：破损的佛造像

青州出土的这些造像碎块显示了它们在大唐帝国政权变动中的不幸遭遇。幸运的是，这些佛像被小心地掩埋起来，而现在的考古专家正在将它们一点点地拼接、修复，砸掉的佛手、佛足、佛臂和佛头最终被粘接在佛身上。圆仁发现，同样的悲剧也在他曾长期挂单的赤山法华院发生了。他于845年九月二十二日抵达该寺时面临的情形是：“缘州县准敕毁拆尽，无房舍可居。”

青州：残损的佛足

我不知道，要花多长时间才能将这些佛足粘接在佛像上。青州博物馆目前出土的佛足有1400对左右。这真是一项艰巨的工作！

846年四月十五日，圆仁得到武宗皇帝驾崩的消息；不久，五月二十二日，新登基的皇帝大赦天下并敕令恢复佛教。圆仁认为，武宗是因为服用道士炼制的丹药过多身亡的，“身体烂坏而崩矣。”因为新皇帝开启了新时代，圆仁作为高僧重新受到尊敬和款待。“去年还俗僧年已五十已上者，许依旧出家。其中年登八十者，国家赐五贯文。”

圆仁马上派仆人丁雄满去楚州取回他寄存的宝物。很可惜，“胎藏、金刚两部大曼荼罗盛色者，缘淮南敕牒严切，刘慎言已焚讫。”不过丁雄满还是找回了不少。这些东西成了圆仁带回日本的物品中最重要的部分。

846年十月，他终于收到弟子性海从日本带来的回信及“敕施黄金”；性海乘坐的船七个月前就到了，但他不得不一直在扬州等待通关文牒。

圆仁846年的最后一则日记记录道：“十二月二日　巳时，日蚀。”这不是个吉兆，因为他们找到的从登州出发的海船不许搭载外国人。这样一来，他们师徒三人只好回到楚州寻找回国的机会。但是他们一到楚州就听说船已经出发了。出海的船一般是很难碰上的，这让他们更加沮丧。

圆仁最后只好给一个名叫金珍的新罗人写信求助。此人的船即将从山东出发，他在船上为他们预留了位置。他们不得已立即回头，乘船沿海岸线到了赤山。这一次他们也差点错过，因为风向不对，他们耽搁了好几天。这恼人的经历使圆仁的决心更坚定了。

剃头

圆仁师徒作为游方僧人再次得到当地人的帮助。登船之前，他郑重写道："剃头。再披缁服。"图中这位在户外营业的理发师引起了我的注意，她正给一位顾客剃头。不过，和尚们都是自己剃头的。

山东石岛湾：停泊的渔船

2002年5月，石岛湾停泊着许多渔船，那是因为海上刮起了大风。845年至847年间，圆仁几次在石岛湾畔的赤山居留。他经常乘坐这样的小渔船，沿着海岸寻找出海的船只。驾船的水手几乎总是新罗人；当时新罗水手控制着中国黄海贸易的大部分。我从石岛湾仰望赤山，此情此景好似从圆仁的日记里跳出来的一般。

847年的一天，圆仁终于登上了新罗人的船。船上还有44人，分别是新罗人、中国人和日本人。圆仁记载道：“〔九月〕二日　午时，从赤山浦渡海。”他历尽艰辛，终于走上了回乡的路。这一天他的日记很简短，但我们很容易想见他激动的心情。

24 圆仁回日本

847.9.2~

山东半岛：成山头峭壁

圆仁一行离开中国，途经山东半岛最东端的成山头。九月二日，他们“出赤山莫琊口，向正东行一日一夜……〔四日〕平明，向东望见新罗国西南之山”。他们绕着朝鲜半岛履波前行。

令他们惊恐不安的是海上无风可藉，于是“船众舍镜等，祭神求风”。

圆仁诵念《金刚经》。在描述这段旅程的民间传说中，圆仁将他宝贵的保护神药师佛佛像投入海中。故事还说，数年后圆仁在海边散步时，看见这尊被章鱼的触手缠绕着的佛像冲上了海滩。东京目黑区有一座小小的章鱼药师寺，敬拜的就是这尊佛像。

圆仁的船上有一个中国僧人名叫乐　，他写了一篇题为《圆仁三藏供奉入唐请益往返传记》的短篇报道，在圆仁九年入唐求法即将完成时对其予以高度评价，是记叙圆仁行迹的珍贵史料。他说，圆仁

会说中国南方和北方的方言，“学唐言即有梁汉之正音”。乐 同样盛赞圆仁勤勉、笃定的品格和渊博的学识。他还写道，唐宣宗得知圆仁离开中国，非常伤心。

离开中国八天后，他们望见对马岛在晨曦中隐隐现出。这是九月十日的事情：“平明，向东遥见对马岛。午时，前路见本国山……”当晚，他们在五岛列岛的一座岛上停泊，心情之轻松愉快远非语言所能表达。

日本：博多湾

一个星期之后的847年九月十八日，他们的船驶入博多湾。他们下榻的鸿胪馆是日本政府接待外国人及出国归国的日本官方代表的国宾馆。圆仁在那里住了五个多月。鸿胪馆是日本与大唐和新罗进行贸易的窗口。没想到，圆仁参加的这个外交使团竟成了出使唐朝的最后一届日本官方代表团。

博多：鸿胪馆遗址博物馆

鸿胪馆：唐三彩陶枕

今天的鸿胪馆博物馆里珍藏着不少唐代瓷器的碎片，同时考古发掘也陆续有发现。我看着这些出土文物，不禁想象起圆仁在场的情景：给经卷分类，写日记，整理文件……

福冈：大宰府遗址

日本政府的分支机构大宰府（都府楼迹）系根据唐代类似机构与建筑仿建，负责日本的海上边防及九州地方一切政务。遗址规划图已经保藏起来，我们可以根据其地基遗迹的形状想象其建筑的轮廓。圆仁归国后曾经前往，为他自己和随行人员领得了膳食费用。批准他最终回归比睿山的官方文书也是通过这个行政中心发放的。

博多小神社

圆仁在太宰府和博多地区专门拜谒了一些寺庙、神社，以感谢佛教和神道教一切神灵在他旅行途中守护他、给他勇气并保佑他安全归乡。我去了他在日记的最后几则中提到的一些神社："〔十一月〕廿九日　午前，为住吉大神转五百卷。"圆仁在旅行最危急困苦的时候曾经祈求住吉大神保佑。博多的这座神社是日本2000个住吉神社中的第一个。

太宰府市：宝满山石碑

宝满山（灶门山）上有不少灶门神社遗迹。圆仁曾登山向大山寺献经，然后"为灶门大神转一千卷"。

太宰府市：观音寺遗址

观音寺残余的石基座标明了僧房的形状；它一度是本地区首屈一指的佛寺。圆仁感谢观音寺僧人的帮助，布施白棉布给转经僧。我不知道他来礼拜的时候见没见到戒堂前中国高僧鉴真和尚栽下的菩提树。

【十一月】二十八日　於大山寺始入唐時所祈『金剛般若』五仟卷，皆先馳使奉送彩帛。同日早朝一時發遣彩帛使訖。便轉經。同日爲竈門大神轉一千卷。

博多：八幡神宫宫司

他还去为八幡神转了经——八幡是日本神道教的大神，传说是第十五代天皇应神天皇的皇灵转化的。八幡神还被认为是旅行者的守护神，所以圆仁在旅行途中很自然地多次祈求他的保佑。箱崎八幡神宫的宫司田村兄弟对这里历史悠久的文化遗产的意义有着深刻的认识。

太宰府市：巡礼的僧人

在最后几则日记中圆仁写道，有几个从比睿山来的年轻僧人帮助他重新开始在日本的生活，并向他简单介绍他出国期间日本发生的事。他也向同船的新罗人和中国人表示感谢，为他们安排制作冬衣，确保他们在日本期间有地方住。与此同时，圆仁应该一直在怀念所有那些在中国帮助过他的人。圆仁日记第四卷即最后一卷的最后一则记于十二月十四日（848年1月23日）："午后，南忠阇梨到来。"

枥木县：壬生寺圆仁像

圆仁被迎回延历寺后即设坛开讲，传授入唐期间学习到的佛教知识。他建了几座佛殿，专门用来举行密宗仪式和修行密宗功法。854年，即回国七年后，圆仁成为天台宗第三代座主。在今天的日本，有700多座寺庙和他有关。延历寺国宝殿现展出圆仁带回日本的曼荼罗、佛经、佛像和戒坛法具，虽然多是抄本，但仍旧是珍贵的文化遗产。很不幸，其原件几乎无一存留至今。务请记住的是，甚至在去大唐之前，圆仁就确立了抄经的方式和精神。

京都比睿山：横川中堂

横川是比睿山三个佛寺中心地区之一。833年，40岁的圆仁在此静修养病；入唐巡礼归来后的848年，圆仁又在此建立了一座寺院。（现在的中堂是1970年重建的。）圆仁在横川中堂供奉圣观音菩萨像，以感谢菩萨在他渡海时保佑平安。观音左右各胁立不动明王和毗沙门天（多闻天），构成一个独特的三神组合。据传说，圆仁在海上遇大风暴，祈求观音菩萨保佑；北方护世天王毗沙门天立即现身，平息风暴。回到日本后，圆仁在横川建宝塔一座，保存他收集的佛经。

京都比睿山：横川赤山宫

我在横川中堂前的一座小丘上意外地发现了一个落满白雪的小神宫。这就是赤山宫，供奉山东赤山的神灵；另外，赤山明神还是比睿山的守护神。这个小神宫是一个象征，说明圆仁从未忘记他在中国巡礼时所得到的帮助。

净土院

比睿山西塔地区有一座净土院，是圆仁为最澄和尚建造的庙所（纪念堂），建造法式完全模仿自他在五台山见到的竹林寺一位方丈的纪念堂。我听见低沉的诵经声从附近的佛殿传来；这就是圆仁根据在五台山学到的梵唱（充满韵律地诵经）发明的"台密声明"。圆仁为师父最澄种下的那棵圣树——婆罗双树——也令我景仰不已。

小石佛

由相连的常行堂和法华堂组成的一座殿堂，是圆仁介绍到比睿山的"常行三昧"法与"常坐三昧"法的修行道场。在我看来，附近的两尊小石佛就像是"引声念佛"（不断口诵"南无阿弥陀佛"）和两座佛堂所象征的《法华经》的结合。这些严格的戒律都是圆仁驻留五台山期间学习到的。

“须有佛国”

圆仁创建的横川中堂前立有一块巨石，上刻“须有佛国”。读过圆仁日记的人一定会回想起类似的词句，那是郑州长史辛文昱在郑州郊外的茶亭中恳求圆仁的话语：“愿和上努力，早达本国，弘传佛法。”

比睿山延历寺：慈觉大师圆仁墓

圆仁于864年圆寂，享年71岁，两年后，他被授予"慈觉大师"的谥号。"大师"是一个僧人所能获得的最高称号。圆仁留下遗嘱，不想建自己的庙所，只希望弟子们在他的墓前"种一棵树，以为标记"。如圆仁所愿，他的墓设在一条僻远的山谷里，人们要走好长一段路才能到。2003年一个冬日的早晨，一位年轻的僧人陪着我去拜谒，一路上摆着"降魔印"的手势。我们在雪地中跋涉时，我看见一些僧人正在修炼"常行三昧"：绕着比睿山沿特定路线疾行（称"回峰行"），以吸收路上所见各种生命的精华，增强灵性。——圆仁在中国的九年间就是这样做的。瞥见疾行的僧人，令我更加赞佩圆仁坚韧不拔的品格。

在中国的道路上行走，让圆仁得以更深刻地理解生命的本质以及佛家教义的精髓；甚至这行走本身，也成了他的一种宗教体验。他就像一个容器，收纳着行走中所感知到的一切。这对他回到日本后的宗教领袖生涯产生了巨大影响。

圆仁是一位旅行家、朝圣者、日记作家，同时也是一名宗教使者。他对自己入唐巡礼经历的记录，风格尖锐而敏感，不仅是关于那个时代中国社会的宝贵文献，还展现了这位高僧不辞艰辛、寻找真理的坚定与执著。

阅读圆仁的日记既让我们注意到他无比宽广的视野，又帮助我们感受到他人性的温暖。然后，我们通过他日复一日的记录文字开始真正了解他。他让我们跟着他的眼睛走，彷佛我们处在同一水平上。我们可以从文字中看到他的敏锐，感受他的好奇，体会他的失望。他的巡礼鼓励我们充满冒险精神。虽说他只是个1200年前的古人，但神奇的是，今天这个角色还在起作用，还在引起人们关注。

后　记

2007年5月，大阪的住吉大社举行了一个为期两天的遣隋使、遣唐使研讨会。选择这个地点很适宜，因为古代的出海船只就是从附近的港口起锚的。研讨会上大家频频提及圆仁日记令我印象深刻。他的作品仍在被大量引用，以分析、提炼那一时期各方面情况的信息。

圆仁的日记仍然适用于今天，因为它向我们讲述了中日关系中至关重要的早期联系。在两国政治和经济联系的重要性愈发凸显的今天，这部作品能够帮助我们更好地理解两个邻邦交往的基础。在那段古老的日子里，两国之间似乎存在着一种共同的友好交流的迫切渴望。

通过圆仁的著作，我们获得了一个个体的视角，以观照9世纪中国那个激动人心的社会。大唐盛世对日本产生了巨大的影响，先是佛教，然后便是新知识和新艺术形式的传播。这样说来，日本朝廷之所以出资赞助这些冒险使团也就不难理解了。

当时中国的官僚体系的力量之大同样值得我们赞佩。圆仁的日记让我们了解了通关文牒的效力、皇帝敕令的威力、政府对盐铁买卖的控制，以及庞大的道路和水运系统。

圆仁还向我们展示了唐朝的开放接近终结时所面临的深刻的悲剧性局面，告诉我们一个更趋内向和保守的政府正在形成。读一读排佛敕令的所有细节，我们就会认识到当时在长安做一个和尚有多么危险。不仅僧尼要被迫还俗，对来历不明的僧人的处置甚至近乎政治迫害。

圆仁日记的美包涵了许多令人难忘的场景，在其中，他的真情实感通过他一贯的对日常事件的平铺直叙流露出来。显然，他那由聪慧和尊严造就的个人魅力使他天然地受到欢迎和接纳。从圆仁的故事中我还

photo by Reiko Takahashi

读到了不同国家的个体之间的相互尊重，而这些经验同样有助于塑造一个坚强而又圆融的人。

关于仪轨和法具的详细描述也许在一般读者看来有些不好理解，但是对于学习历史和宗教的学生来说，这样不厌其烦的罗列却提供了非常有价值的资料。圆仁的日记还展示了，当时日本本土的神道教和来自中国的佛教，如何并无半点利害冲突地在日本僧人的心中达成水乳交融的境地。

追随着圆仁的脚步，我造访了大量的庙宇，在许多圣地与僧侣进行交谈。所幸，我在这些场合感觉非常惬意，因为我的婆婆晚年出家做了尼姑，通过她我了解了不同教派的教义、佛教庙宇的各种形象，以及密宗佛教在演化过程中形成的各种修行方法。这帮助我更好地理解圆仁所参与的宗教仪式以及他与中国和新罗佛学大师们进行的义理讨论。

研究圆仁还为我提供了许多结交新朋友和丰富个人体验的机会。我穿梭往返于中国的七个省份，得以结识中国各行各业的人士，并一路传播圆仁的事迹。对那些谈论当年侵入山西偏远村庄的日本鬼子的人，我会更多地强调我们今天的相互联系，还会给他们讲述这位1200年前的日本和尚——他当年就是在这个村庄得到了他们的祖先的帮助。

photo by Liang Zhijun

此外，圆仁的旅行还让我领会了行走的深意。在这一点上我很幸运：后来在日本，我遇到了圆仁的本寺延历寺的酒井雄哉法师，他两次完成了“千日回峰行”，得到了“大阿阇梨”的称号。酒井法师向我讲起了今天比睿山那些修行三到十二年的“笼山行”的僧人，和那些修行“常行三昧”的僧人——有的坚持了100天，有的已经坚持了1000天。他们夜以继日地疾行，同时口诵佛号。

我在北京还见过一个令人难忘的情景：来自中国、韩国和日本的僧人云集广济寺，进行友好交流。他们坐在大雄宝殿前，用各自的语言齐诵《般若心经》。在圆仁的时代，这并不新鲜。他在山东法华院挂单的时候，寺中的新罗僧人就是有些天用中文诵经，有些天用朝鲜话诵经。我认为圆仁也曾欣赏到这种诵经的和声。

我开始踏访圆仁日记里提到的地方时，只是想通过他的描写来寻找历史遗迹。我早期的旅行通常是去他旅途中的主要逗留地，那些著名的和容易去的地方。他的旅行路线图上有许多“点”，沿着连接这些点的“线”展开的旅行对我来说变得更加有趣和富于挑战。这都是他走过的路。我于是开始探索乡间的道路，走偏僻的小路去追寻圆仁的足迹。我决心找到他在日记里提到的

photo by Li Xueqing

所有地方。

我必须承认，沿着这些“线”走，我通常是驱车“走走停停”，有时还会长途步行或是乘船。我在圆仁走过的路上欣赏着风景，更多地关注他的个人体验是怎样的，关注他看到并写进日记的景致和今天有哪些异同。不可思议的是，我们现在仍然可以欣赏他当时所见的绝大部分风景，在同样的地点感受同样的风，甚至闻见他也曾闻到过的同样的花香。

过去20年里，乡村地区还保留了不少与圆仁时代相同的气息。然而中国迅猛发展的步伐很可能波及这些地方。有些村庄已经用水泥重铺了香客们走的石路，另一些地区则为城市的扩展所吞没。我常常觉得自己“生逢其时”，有幸在圆仁曾经看到过的景致即将消逝和改变时看上最后一眼。有时周围还有一条路，这样我就比较走运地发现一些曾遭破坏但最近又重修的与圆仁有关的遗迹。

到2005年8月，我已完成了对圆仁入唐九年走过的所有水陆线路的考察，接下来要做的只剩下从日本乘船重走838年遣唐使的航海路线，并且像圆仁于847年所做的那样从山东乘船回到日本了。（值此日本首次于

607年派遣出访中国的使团1400周年之际，我很幸运地找到一些勇敢的团员们组成一个团队，于2007年春天在外海上开始了这次冒险之旅。）

通过圆仁的经历，我们了解了日中文化交流的真实状况，以及朝鲜半岛上的人们在其中起到的至关重要的作用。可以说，东亚各国人民交往的历史——相互帮助，相互学习，相互尊重——是我们在今天可以借鉴的宝贵经验。我希望能通过讲述圆仁日记的故事，为在这几个邻国间发展良好的关系作出自己的贡献。

另外，2008年是圆仁入比睿山延历寺学修1200周年，所以从2007年起，全日本举行了许多纪念活动；我发现，如此之多的人受到圆仁精神的鼓舞。我产生了在日本继续研究他硕果累累的一生、从而了解圆仁遍布各地的足迹的强烈愿望。

最后我想和大家一起重温埃德温·赖肖尔《圆仁唐代中国之旅》中的话："普通读者可能会满足于把圆仁日记当作旅游指南，但我希望有些读者会产生超越看热闹的好奇心，让圆仁本人带领他们走上前往他心中圣地的朝圣之旅。"

附　记

“追寻遣隋使/遣唐使足迹：1400周年纪念之旅”

2007年春，一群背景各异的人组成的小小旅行团乘坐的“新鉴真”号起锚出海。旅行团成员在13天的行程中不断增加、缩减，但我们的一些重要成员给了大家信心。我们中间有一位大使和一位副使——历史上那些外交使团中副使是一定要有的——，有一位长老，还有普通僧人、学者、学生、翻译、艺术家、工匠、商人，等等。成员们来自四个国家，年龄从20多岁到70多岁不等。幸运的是，许多学习日语的中国学生也在扬州参加了1400周年纪念活动。

出发之前我们前往大阪的住吉大社，向海底神、海中神和海上神祈求平安，也祈求船员的保护神神功皇后的保佑。渡边光喜住持安排为我们计划中的旅行祈福，最后以神乐舞仪式祝福我们安全归来。

同在大阪的四天王寺系圣德太子所建。607年圣德太子任命小野妹子为第一届遣隋使团团长，使团出发前似乎就是在此祈福的。四天王寺和我们的追寻圆仁之旅也有关系，因为他出发之前曾在该寺讲《金刚经》。我们的旅行团成员在大雄宝殿齐诵《般若心经》，为我们计划中的航海做精神上的准备工作。

我们在神户港登上“新鉴真”号。大家都觉得这不仅是一次普通的出访中国的航行；不，我们是在精神上重新经历1000多年前的那次冒险。团员们重读圆仁的日记，寻找着那些将我们同他的经历联系起来的内容。

日记提到了遣隋使、遣唐使出发和回归的月份、季节和洋流。季风有利于在夏季的几个月里去中国，而秋冬季节的风适于船只向日本航行。当然，我们是逆着洋流和季风的方向开始这次旅行的。不过，我们行程已定，来不及更改了。海水状况和海上航线一如从前。

photo by Yu Qing

photo by Li Xueqing

圆仁的船向西南航行，在海上度过了八天。我觉得和圆仁的视线接近了。途中，我凝视着舷窗外的黑夜，想象着船只在大海和天空的一片黑色虚空之中下沉时，船上的人将面临怎样可怕的命运。我们的船两天以后顺利抵达目的地，于拂晓时分驶入宽阔的长江口。望不见两岸，但江水却分明透出泥沙的浑黄颜色。圆仁曾说，这是深深的海洋已在身后而他们的船已靠近陆地的佳音。我们沿黄浦江溯流而上，上海那给人深刻印象的轮廓线带我们进入了21世纪。

我们继续向北行进，在圆仁曾经待过的地方停留，这使我得以更详细地了解圆仁巡礼的陆上线路。谨举一例：我们走在如皋旧城狭窄、昏暗的小巷中，而这实际上是发掘出来的运河遗迹，圆仁可能就是通过这条运河从海边到达这个地区的。我们站在黑暗中，尽力辨认一座石桥——圆仁应该曾经从桥上走过，去对岸的小茶舍喝茶。我们继续沿着狭窄的石径前行，而笼罩大地的暗夜使得这穿越历史的路看上去愈发真实。

在扬州，我们着手实施这次纪念之旅的主题行动之一——沿着日本使团走过的路植树绿化。我们在大明寺新建的的鉴真学院种下了20株正在开花的樱树。能修法师主持了法事，以圣水保佑我们的旅行团和这20棵树。我们又在淮安、青州、石岛和蓬莱植了树。我同样希望以这些树纪念那些未能归国的人，纪念热情好客的当地人民。古代，日本访客就是在海边的城镇中习得大量有关中国文化的知识并购得货物的，因为使团中只有很少一部分人可以得到许可，从他们登陆的港口去内地旅行。

我们从青岛出发，循着更为安全的“北线”渡海返日，这与839年官方使团及847年圆仁本人从山东归国的路线非常接近，不过我们的船有点太结实了。2.4万吨的“乌托邦”号启航后要绕过朝鲜半岛，从北面经过济州岛，然后靠近对马岛，总航程有1060公里。不过，回想起王勇教授关于遣唐使海上之行的话，还是让我多少有一点担忧：“向中国航行就像是接近一只巨象，无论如何都有机会在那漫长的海岸线上找到一点登陆；而掉头回日本却像是在茫茫人海上寻找一只小老鼠，一旦错过，就会一直驶入地平线，永远消失。”

凌晨3点钟，船停泊了三个小时，以调整抵达下关的时间。我被

photo by Li Xueqing

photo by Li Xueqing

photo by Li Xueqing

photo by Li Xueqing

突然的停船惊醒，便出舱上了甲板。直到这时我才明白，祈求住吉大神保佑不仅是要在旅途中平息风暴，而且要确保一定的风量，这样他们才不至于困在海上。圆仁就曾有过这样的经历，他们的船经过朝鲜半岛以南时一点风都没有，这令他很不安。他们拼命祈祷，还把镜子投到海中。前一天晚上我们也诵了经，并将一只化妆盒投进海里。我站在甲板上，看见两只闪着微光的白海鸥出现于漆黑的夜空，在我头顶飞舞。一定是圆仁，知道故土在望，喜悦如斯。

阿南史代

2007年5月12日

鸣　谢

在我寻访圆仁的故事、重走圆仁入唐求法之路的过程中帮助过我的人，组成了一个各不相同而又不断扩大的朋友圈子。他们以各种各样的方式帮助我进一步理解圆仁日记的伟大价值。

给我帮助最大的无疑是埃德温·赖肖尔（赖世和）教授。他完成的圆仁日记的英译和注释极其重要，推动了许多国家的学者们去研究圆仁的著作；以我的母语英语阅读他的译文则激发了我对圆仁最初的兴趣。我对赖肖尔教授的景仰与日俱增。我一想到他将古汉语译成英文时的条件及工具之有限，就不由得感叹他的成就多么不可思议。另外，他以广博的知识所作的注释也提供了许多重要的信息。他从未能亲自去圆仁巡礼之路上的那些地方踏勘，真是遗憾。

不过，赖肖尔去过栃木县为纪念圆仁在此诞生而建造的壬生寺，并亲手栽种了一株樱树献给圆仁。壬生寺的渡边光喜住持积极致力于宣传推广圆仁的历史，而且我们在寺中可以欣赏到圆仁鼓乐队的孩子们敲出的美妙节奏。2007年，渡边光喜住持和裕规夫人在该寺大殿主持了我的“圆仁”图片展。

我的同道、圆仁的狂热崇拜者理查德·戴克也受到过赖肖尔教授的感召，他参加了好几次圆仁之旅。我非常感谢他向我介绍九州的一些与圆仁相关的历史遗迹以及他在太宰府地区的朋友。他还通读了本书文字，提出很多有价值的建议。

浙江工商大学日本文化研究所的王勇教授给了我许多关于日本遣隋使、遣唐使的学术指导。他还参加过多次圆仁纪念活动，在他任教的大学开设有关圆仁的研讨班。

我还非常幸运地结识了李承仙女士，她是倾力保护甘肃敦煌莫高窟逾50年的常书鸿先生的遗孀。感谢她慨允我使用她绘制的莫高窟61窟壁画摹本的照片。该壁画是一幅唐代五台山地区的大型地图。

本书中的其他插图取自陕西画家野雪绘制的关于圆仁一行的画。我真高兴他将圆仁的行程画成了两大长卷。

没有梁志军出色的驾驶和导航技术作保障，我的大多数“重走圆仁之路”是不可能成行的。梁志军为我的“圆仁”摄影展制作了中文图注；另外，在我的考察过程中，他一直为我拍照。

李学庆同样在圆仁之路上积极帮我寻找圆仁提到的地点。感谢李先生的安排，在北京和扬州的“圆仁”展览都办得很顺利。他为2007年的“遣隋使/遣唐使1400周年纪念之旅”做了许多组织工作，使我们得以顺利装点出一条“唐代绿色之路”——也就是沿着当年遣隋使、遣唐使走过的路植树绿化。

我还要感谢其他一些朋友和机构，他们或是帮助我推进圆仁项目，或是向我积极提供信息。

北京市：中国对外友好协会，王孝贤女士及中日友好协会，中国佛教协会，韩国驻华使馆柳洲烈总领事，新华社李德安先生，《人民日报》于青先生，王众一先生及

《人民中国》诸同人，《中国国家地理》李雪梅女士，“自然之友”梁从诚先生和方晶女士，友人黄振海先生，作家孙书云女士，北京石刻博物馆刘卫东先生，北京当代阶梯摄影俱乐部、利影彩色图片服务中心孙贵成先生。

江苏省：扬州市外事办，扬州大明寺能修住持，扬州博物馆晏炳森先生，淮安市政府荀德麟先生，如皋徐琛研究员。

山西省：五台山旅游服务中心梁君华女士，山西佛教协会。

山东省：济南市外事办，邹平市外事办，蓬莱市外事办及历史学家李克先生，青州市外事办及青州博物馆。

陕西省：西安市外事办，陕西省博物馆，陕西师范大学胡戟教授，大慈恩寺增勤住持。

日本：比睿山延历寺总务部成员及国宝殿主管，大阪住吉大社真弓常忠宫司，奈良药师寺住持安田暎胤师及夫人安田顺慧，栎木县立博物馆千田孝明先生，东京浅草寺秋吉师，箱崎八幡宫田村靖邦宫司，现代NHK集团野泽泛雄制片人和山崎俊一导演，日本航空荒井克之先生和大西诚先生，《朝日新闻》加藤千洋先生，友人八岛喜代子夫人和加藤优子夫人，日中友协佐藤洋一先生，“神户千年之道会”片山启先生。

能有小池晴子女士将本书译成优美的日文，我感到特别幸运。她还对原文作了许多修正。

雷格先生和潘岳女士承担了中文翻译的重要任务，其精彩译文令圆仁日记在中国广为人知，同时令圆仁对9世纪唐代生活的观感获得当代中国读者的赞赏。

五洲传播出版社精干的工作团队给予了大力支持，他们以深入细致的工作使本书得以顺利付梓。结识宋坚之女士、杨季明先生、邓锦辉先生和设计师田林并与其共同工作是一件乐事。

我还想提及我的家人。我的父母——约翰·H·斯蒂布斯博士和菲莉丝·斯蒂布斯——给了我丰富的经历，这帮助我以开放的心态面对不同的思维方式和价值观念。我在新奥尔良长大，这让我学会了欣赏多姿多彩的生活、迷恋历史、享受各类美食和文化。有了这样的文化之根，在观看密西西比河岸停靠的外国船只时，我产生了一种漫游四方的强烈愿望，而这成了我像圆仁一样迷恋旅行的原动力之一。

荣誉归于我的女儿阿南美佳，她为本书设计了圆仁标志，还为我设计了网页www.littletreebeijing.com，并为《圆仁日记》DVD创作了《圆仁组曲》。

同样感谢我的儿子阿南友亮和外甥女高桥玲子陪伴我在比睿山深深的积雪中寻找圆仁墓。

我的丈夫阿南惟茂坚定不移地支持和鼓励我研究圆仁的日记并把自己追寻圆仁足迹的经历与大家分享。他读了本书无数手稿并给出许多有价值的修改意见。他认为圆仁的故事树立了一个跨文化交流和个人奋斗的伟大典范。他支持我的研究项目，鼓励我通过探访中国的各个地方、与各行各业的人交流来理解当代中国，这令我深深感激。

感谢所有人，这过程是如此开心！

阿南史代

2007年5月12日

参考文献

円仁著　足立喜六訳注、塩入良道補注『入唐求法巡礼行記 1、2』平凡社東洋文庫　1970 年、1985 年

小野勝年 『入唐求法巡礼行記の研究』 法蔵館　1989 年

圆仁著　白化文、李鼎霞、许德楠校注　周一良校阅 《入唐求法巡礼行记校注》　花山文艺出版社　1992 年

円仁著　深谷憲一訳 『入唐求法巡礼行記』 中公文庫　1990 年

『円仁慈覚大師とその名宝』展覧会図録　NHK プロモーションズ　2007 年

『最澄と天台の国宝』展覧会図録　読売新聞社　2005 年

木宮康彦 《日中文化交流史》 商务印书馆（北京） 1980 年

壬生町教育委員会編 『壬生の歴史』 1936 年

壬生町立歴史民族資料館編 『慈覚大師円仁特別展　誕生 1200 年記念』 1995 年

《钦定全唐诗》（第四函第六卷）（影印本） 上海古籍出版社　1986 年

Reischauer, E.O., translator, *Ennin's Diary, the Record of a Pilgrimage to China*, Ronald Press, 1955

Reischauer, E.O., *Ennin's Travels in T'ang China*, Ronald Press, 1955

E. O. ライシャワー著　田村完誓訳 『円仁　唐代中国への旅―「入唐求法巡礼行記」の研究』講談社　1999 年

佐伯有清 『円仁』 吉川弘文館　1989 年

谭其骧主编 《中国历史地图集　第二册　唐代》 中国地图出版社　1982 年

上田雄『遣唐使全航海』 草思社　2006 年

王勇 『唐から見た遣唐使』 講談社　1999 年

Weinstein, S., *Buddhism Under the T'ang*, Cambridge, 1987

图书在版编目(CIP)数据

追寻圆仁的足迹 / (日) 阿南史代编；雷格，潘岳译. -- 北京：五洲传播出版社，2023.1

ISBN 978-7-5085-4963-7

Ⅰ. ①追… Ⅱ. ①阿… ②雷… ③潘… Ⅲ. ①游记 – 中国
Ⅳ. ①K928.9

中国版本图书馆CIP数据核字(2022)第233860号

追寻圆仁的足迹

在当代中国重走日本高僧入唐求法之路

著　　者：(日) 阿南史代
摄 影 者：(日) 阿南史代
译　　者：雷　格　潘　岳
策　　划：宋坚之　李德安
责任编辑：黄金敏
装帧设计：田　林
制　　作：北京北京尚捷时迅文化艺术有限公司
出版发行：五洲传播出版社
地　　址：北京市海淀区北三环中路31号生产力大楼B座6层
邮　　编：100088
发行电话：010-82005927　010-82007837
网　　址：http://www.cicc.org.cn　http://www.thatsbooks.com
印　　刷：北京市房山腾龙印刷厂
版　　次：2023年1月第1版第1次印刷
开　　本：710×1000 mm　1/16
印　　张：13.5
字　　数：58千
定　　价：90.00元